dtv

Ben und sein Team sind ins Abseits geraten, der Erfolg bleibt aus. Der zunehmende Druck wirkt sich auch negativ auf Bens Privatleben aus. Schließlich gibt er auf und kündigt. Doch seine Vorgesetzte akzeptiert dies nicht, sondern schickt ihn zu einem erfahrenen Coach.

Ben lernt – und mit ihm die Leserinnen und Leser – Schritt für Schritt QT, das Question Thinking. Er wird vom »Kritiker«, der sofort urteilt oder Antworten sucht, zum »Lernenden«, der zunächst sich selbst genau beobachtet und anderen aufmerksam zuhört. So erkennt er Vor-Urteile, wird offen für Neues, erweitert seine und die Perspektiven seiner Mitstreiter. Mit klugen Fragen werden sie gemeinsam produktiver und effektiver. Und auch mit Alexa, seiner Frau, entwickelt sich eine ganz neue Verbundenheit.

Mit dem Übungsteil können die Leserinnen und Leser die QT-Methode trainieren.

Marilee Adams, Ph. D., ist Psychologin, lehrt an der School of Public Affairs der American University und ist als Keynote Speaker und Coach tätig. Sie hat das Inquiry Institute begründet und die Methode des Question Thinking entwickelt. Sie berät Unternehmen, staatliche und private Organisationen.

Marilee Adams

QT – Question Thinking

Die Kunst, die richtigen Fragen zu stellen

Aus dem Englischen von Bettina Lemke

dtv

Ausführliche Informationen über
unsere Autoren und Bücher
www.dtv.de

Dieses Buch ist auch als eBook erhältlich.

Ungekürzte Ausgabe 2019
dtv Verlagsgesellschaft mbH & Co. KG, München
© 2015 Marilee Adams, Ph.D.
Titel der amerikanischen Originalausgabe: ›Change your Questions, Change your
Life. 12 Powerful Tools for Leadership, Coaching and Life‹.
3rd Edition, Berrett-Koehler Publishers, Inc., Oakland, CA 2015
© der deutschsprachigen Ausgabe:
2017 dtv Verlagsgesellschaft mbH & Co. KG, München
Umschlaggestaltung: dtv
Satz: Fotosatz Amann, Memmingen
Druck und Bindung: CPI books GmbH, Leck
Gedruckt auf säurefreiem, chlorfrei gebleichtem Papier
Printed in Germany · ISBN 978-3-423-34953-6

FÜR ED ADAMS,
meinen Mann und meine Muse

Inhalt

Mit Fragen zur Veränderung

Menschen ist in der Regel nicht bewusst, welche Fragen in ihrem Inneren vorhanden sind und welch tief greifende Wirkung diese auf ihre Erfahrungen sowie auf die Gestaltung und Ausrichtung ihres Lebens haben. Durch die Veränderung dieser Fragen lässt sich ein neuer Prozess in Gang setzen, der zu anderen Ergebnissen führt.

David Rock und Linda J. Page

Beim Question Thinking (QT), dem zentralen und zugleich uralten Thema dieses Buches, geht es um unsere Fähigkeit, unser Denken in jedem Moment zu kontrollieren. Das QT bietet uns Techniken, unsere gegenwärtigen Gedanken zu beobachten und richtig einzuschätzen – vor allem die Fragen, die wir uns selbst stellen –, und leitet uns dann dabei an, neue Fragen zu formulieren, um bessere Ergebnisse zu erzielen. QT hilft uns, bewusst statt automatisch reagierend zu denken. Das führt zu klügeren Entscheidungen und produktiveren Ergebnissen, selbst unter Druck. Sowohl im Beruf als auch im Privatleben ist es essenziell, konstruktiv zu denken, wenn man gezielte und nachhaltige Veränderungen erreichen will. Ohne diese Fähigkeit bleibt unser Wunsch nach Veränderung möglicherweise eine sehnsuchtsvolle Absichtsbekundung, die sich nie erfüllen wird.

Für mich begann das Question Thinking mit einem wichtigen Moment der Erkenntnis. Ich war eine ehrgeizige junge Studentin und arbeitete gerade an meiner Doktorarbeit. Zum einen hatte ich mit einem schonungslosen inneren Kritiker zu kämpfen, zum anderen führte die Kritik anderer Menschen bei mir häufig zu Tränen. Eines schicksalhaften Tages, an dem ich ein großes Lob von meinem Betreuer für eine Arbeit erwartete, die ich selbst für sehr gelungen hielt, bekam ich stattdessen Folgendes von ihm zu hören: »Das ist einfach nicht akzeptabel, Marilee.« In diesem Moment geschah etwas Neues. Anstatt mich unter Tränen zu fragen, was an mir nicht stimmte, atmete ich tief durch und wurde innerlich ruhig und neugierig. Dann fragte ich ihn sogar schlicht: »Okay, wie kann ich das Ganze besser machen?« Aufgrund dieses einfachen Umschaltprozesses fühlte ich mich nicht länger machtlos, sondern war zuversichtlich genug, um auf eine konstruktive Weise aktiv zu werden. Ich schrieb dann den Teil des Textes neu, den mein Berater geändert haben wollte, und zu meiner Überraschung schien mein innerer Kritiker eine Pause zu machen.

Natürlich fragte ich mich, was geschehen war. Was war dieses Mal so anders gewesen? Offenbar hatten sich meine üblichen kritischen Fragen, was mit mir nicht stimmte und was *nicht gut genug* an mir war, aufgelöst. Anstatt im Sumpf der Selbstverurteilung stecken zu bleiben, hatte ich mich auf die Zukunft ausgerichtet, mit dem Ziel, meine Texte entscheidend zu verbessern. Ich hatte mich an all meine harte Arbeit und die guten Ergebnisse erinnert, die ich bereits abgeliefert hatte, und auch daran, dass mein Betreuer grundsätzlich auf meiner Seite war.

War diese Veränderung nur ein glücklicher, einmaliger Zufall gewesen? Gab es einen Weg, um aus diesem scheinbaren Wunder eine zuverlässige Methode für mich und andere zu machen? Aus diesem ersten kleinen Impuls entwickelte sich das Gesamtkonzept, das ich heute als Question Thinking bezeichne. Es zeigt, auf welche Weise wir mit Fragen denken und wie sich die Art unserer Fragen auf unsere Lebenserfahrungen sowie unsere Ergebnisse auswirkt. In ihrem Buch ›Coaching with the Brain in Mind. Foundations for Practice‹ beschreiben die Autoren David Rock und Linda J. Page einen zentralen Nutzen meiner Arbeit: »Auch das, was wir als möglich oder machbar erachten, wird durch unsere Denkweise oder unsere Gemütsverfassung beeinflusst. Wenn wir uns unserer Fragen bewusst werden und diese verändern, verfügen wir daher über einen wirksamen Weg, um selbst die Kontrolle zu übernehmen und unser Verhalten zu verändern.«

Question Thinking bietet Instrumente, die uns helfen können, die Kontrolle über unser Denken, unsere Emotionen und unser Verhalten zu übernehmen, nicht nur im Job, sondern in jedem Lebensbereich. In der Geschichte, die Sie auf den folgenden Seiten lesen werden, wird Ben von Joseph gecoacht. Ben ist bei seinen Führungsqualitäten an Grenzen gestoßen. Als er mithilfe von QT-Prinzipien und -Techniken diese Grenzen überwindet, lehrt Joseph ihn, dies auch allein zu tun. So lernt Ben, *sich selbst zu coachen*, und diese Fähigkeit zieht sich durch sein Leben. Auch nachdem er schon sehr von ihren Vorteilen profitiert hat, nutzt er sie weiterhin.

Das vorliegende Buch ist für Sie ebenso eine Anleitung zum Selbstcoaching wie für Ben. Der Schwerpunkt liegt auf dem Selbstcoaching, daher können Sie die Lektionen des QT anwenden, während Sie Bens Geschichte verfolgen. Da sich das Buch bei der Vermittlung des Selbstcoachings als sehr effektiv erwiesen hat, ist es auch für Menschen in beratenden Berufen gewinnbringende Lektüre.

Häufig höre ich von Lesern, dass sie die Techniken des QT

auf ihren familiären Bereich übertragen, nachdem sie sich diese für ihren Beruf angeeignet haben. Und sie bestätigen mir die Wirksamkeit des QT. Was könnte eine Autorin mehr freuen, als festzustellen, dass ihre Arbeit im Leben anderer Menschen tatsächlich etwas bewegt!

Mit unseren Fragen erschaffen wir die Welt, heißt es schon in meinem ersten Buch ›The Art of Questioning‹. Fragen öffnen unseren Geist, unsere Augen und unser Herz. Mit unseren Fragen lernen wir, wir stellen eine Verbindung zu anderen Menschen her und lassen etwas entstehen. Wir werden klüger, produktiver und sind dann in der Lage, bessere Ergebnisse zu erzielen. Wir halten nicht an starren Meinungen und einfachen Antworten fest, sondern richten uns darauf aus, offen und neugierig zu sein, überlegte Fragen zu stellen und Gespräche mit einer aufgeschlossenen Haltung zu führen. Auf diese Weise bereiten wir uns selbst einen hell ausgeleuchteten Weg, um mit anderen zusammenzuwirken, Dinge zu erforschen und zu entdecken sowie innovativ zu sein. Ich habe eine Vision von Arbeitsplätzen und von einer Gesellschaft – von Individuen, Familien, Organisationen und Gemeinschaften –, denen der Geist des Fragens und der damit verbundenen Möglichkeiten eine pulsierende Energie verleiht.

Doch nun ist es an der Zeit, Ben kennenzulernen. Er erzählt im Folgenden seine Geschichte und zeigt uns, auf welche Weise sich unser Leben tatsächlich verändern kann, wenn wir unsere Fragen verändern.

Kapitel 1

Der Moment der Wahrheit

Wollten wir über neues Wissen verfügen, müssten wir uns eine ganz neue Welt von Fragen zu eigen machen.

Susanne K. Langer

Auf dem Briefbeschwerer aus Rosenholz auf meinem Schreibtisch befindet sich eine Plakette mit der Aufschrift:»Großartige Ergebnisse beginnen mit großartigen Fragen.« Der Briefbeschwerer ist das Geschenk eines sehr besonderen Menschen in meinem Leben – Joseph S. Edwards. Er hat mir das Question Thinking beigebracht – so nannte er die Techniken, die er mich lehrte. Durch QT erschloss sich mir ein Bereich meines Geistes, den ich sonst wahrscheinlich nie entdeckt hätte. Wie jeder andere Mensch dachte ich, um ein Problem zu lösen, müsse man nach den richtigen Antworten suchen. Doch Joseph zeigte mir, dass der beste Weg zur Lösung eines Problems darin besteht, *zunächst bessere Fragen* zu stellen. Er brachte mir Techniken bei, die meine berufliche Karriere sowie meine Ehe retteten. Beide Bereiche waren damals zweifellos gefährdet.

Alles begann damit, dass mir eine Position bei QTec angeboten wurde. Das Unternehmen befand sich zu der Zeit mitten in einer großen Umstrukturierungsphase, und man munkelte, es werde wohl noch im gleichen Jahr pleitegehen, wenn nicht ein Wunder passiere. Ein Freund warnte mich davor, zu

QTec zu gehen, denn das sei so, als heuere ich auf einem sinkenden Schiff an. Doch was überzeugte mich, das Risiko trotzdem einzugehen? Es war mein Vertrauen in Alexa Harte, die neu ernannte Geschäftsführerin von QTec, die mir die Position angeboten hatte. Ich hatte jahrelang bei der KB Corp., meinem vorigen Arbeitgeber, für sie gearbeitet und sie als äußerst begabte Führungspersönlichkeit schätzen gelernt. Ihre Zuversicht, QTec wieder auf Kurs zu bringen, war ansteckend. Zudem sicherte sie mir großartige Konditionen zu: eine beachtliche Gehaltserhöhung, einen beeindruckenden Titel und die Chance, ein Team bei der Entwicklung eines innovativen Produktes zu leiten. Wenn alles gut ging, würde sich das Risiko vielfach auszahlen. Wenn nicht … nun ja, darüber versuchte ich nicht nachzudenken.

Anfangs war ich voller Elan und überzeugt davon, den Job gut in den Griff zu bekommen. Alexa hatte mich aufgrund meines technologischen Wissens und meiner Fähigkeiten als Entwickler eingestellt, und ich wusste, dass ich sie diesbezüglich nicht enttäuschen würde. Das neue Produkt interessierte mich sehr, und die technischen Herausforderungen entsprachen mir absolut. Bei KB – wo ich Alexa zufolge wahre Wunder vollbracht hatte – war ich als der »Antworten-Mann« bekannt. Ich hatte immer wieder die schwierigsten technischen Probleme gelöst. Allerdings stand mir bei QTec noch eine weitere Herausforderung bevor – ich musste ein hoch qualifiziertes Vorzeigeteam von Experten leiten. Dieser Aufgabe sah ich mit gespannter Erwartung entgegen. Allerdings hatte Alexa mich darauf hingewiesen, dass ich gezielt an meinen kommunikativen Fähigkeiten sowie an meinen Führungsqualitäten arbeiten müsse.

Mein Team war allem Anschein nach eine motivierte und talentierte Truppe, und eine Weile lief alles gut. Doch dann begannen die Dinge aus dem Ruder zu laufen. Es war, als würde plötzlich ein greller Scheinwerfer auf meine Defizite gerichtet. Ich wagte nicht, es auszusprechen, aber insgeheim hatte ich das Gefühl, es mit lauter Versagern zu tun zu haben.

Zu allem Übel war da noch Charles. Man hatte ihn bei dem Job, der schließlich mir angeboten wurde, übergangen. Mir war klar, dass er mich womöglich ablehnen würde. Und wie erwartet, war er tatsächlich von Anfang an schwierig und hinterfragte alles, was ich sagte und tat.

Die Situation verschlechterte sich zunehmend. Vielleicht ging das QTec-Schiff noch nicht unter, wie mein Freund vermutet hatte, aber es war definitiv leckgeschlagen, und ich hatte keine Ahnung, wie ich die Lecks stopfen sollte. Meine Teammeetings wurden zur Farce – wir konnten nichts konstruktiv miteinander besprechen, fanden zu keinen Lösungen und es herrschte keinerlei Teamgeist. Niemand musste mich daran erinnern, dass die Skeptiker recht behalten würden, wenn es uns nicht gelang, unser Produkt vor der Konkurrenz auf den Markt zu bringen.

Zu Hause war die Situation nicht viel besser. Die Spannungen zwischen mir und meiner Frau Grace, die ich vor knapp acht Monaten geheiratet hatte, nahmen zu. Ständig fragte sie mich, wie es in der Arbeit lief. Schließlich herrschte ich sie eines Tages an, dass sie zu viele Fragen stelle und ihre Nase nicht in meine Angelegenheiten stecken solle. Sie war verletzt und ich fühlte mich deshalb mies, hatte aber überhaupt keine Idee, wie ich mich verhalten sollte.

Ich wollte nicht, dass Grace erfuhr, wie viele Probleme ich hatte. Ich war immer sehr stolz darauf gewesen, mit Aufgaben fertigzuwerden, die alle anderen ins Schleudern brachten. Mit etwas Glück würden sich auch dieses Mal die richtigen Lösungen einstellen, bevor Grace, Alexa und die Leute aus meinem

Team herausfanden, dass der Job mich heillos überforderte. Unterdessen zog ich mich immer mehr in mich selbst zurück und versuchte mit aller Kraft, Tag für Tag zu überstehen.

Ich war verwirrt und überfordert. Alles in meinem Leben lief offenbar schief. Und schließlich eskalierte die Situation. Grace und ich hatten am Morgen einen Streit, und nur ein paar Stunden später kam es in der Firma zu einer größeren Krise. Niemand sprach es aus, aber ich konnte es an den Augen der anderen ablesen: Wir waren am Ende.

Das war mein Moment der Wahrheit. Ich musste allein sein und nachdenken. Grace hinterließ ich telefonisch eine Nachricht, dass ich eine Nachtschicht einlegen würde, um einen wichtigen Bericht fertigzustellen. Dann verbrachte ich die ganze lange Nacht in meinem Büro, starrte die Wände an, suchte verzweifelt nach den richtigen Antworten und durchlebte die schlimmsten Wochen meines Lebens aufs Neue. Ich sagte mir, dass ich der Wahrheit ins Auge blicken müsse: Ich hatte versagt. Am Morgen ging ich um kurz nach sechs hinaus, um mir einen Kaffee zu holen, und danach begann ich, meine Kündigung zu schreiben. Drei Stunden später war ich damit fertig, rief Alexa an und vereinbarte eine sofortige Unterredung.

Alexas Büro auf der Chefetage war nur knapp 100 Meter von meinem entfernt. An diesem Morgen kam mir der Weg dorthin wie 100 Meilen vor. Als ich die große Flügeltür zu ihrem Büro erreichte, blieb ich stehen und atmete einmal tief durch, um mich zu sammeln. Ich stand eine ganze Weile dort und versuchte, den Mut zum Anklopfen aufzubringen. Gerade als ich endlich meine Hand dazu hob, hörte ich eine Stimme hinter mir.

»Hallo Ben, Sie sind ja schon da. Gut, gut!«

Es war Alexa. Ihre Stimme war unverkennbar. Sie klang stets fröhlich und optimistisch, selbst wenn die Dinge nicht gut liefen. Alexa war eine selbstbewusste, attraktive, sportlich wirkende Frau Ende 40. Ich hatte Grace erzählt, dass ich noch nie jemandem wie Alexa begegnet sei. Sie nahm ihre Aufgaben bei QTec mit unerschöpflichem Enthusiasmus in Angriff. Nicht dass sie ihren Job nicht ernst genommen hätte. Sie nahm ihn sogar sehr ernst! Aber sie erledigte ihn mit so viel Spaß und Zuversicht, dass es mühelos wirkte.

In diesem Moment wurden mir meine Schwächen allein schon durch ihre Anwesenheit bewusst. Ich fühlte mich wie betäubt und murmelte ein kaum hörbares Guten Morgen, als sie meine Schulter berührte und mich in ihr Büro führte.

Der Raum war ausladend. Über einen tiefen, weichen, grünen Teppichboden ging ich bis zu einem großen Erkerfenster, vor dem sich der Besprechungsbereich befand, mit zwei dick gepolsterten Sofas, die sich gegenüberstanden, und einem Couchtisch aus Nussbaum dazwischen.

»Nehmen Sie doch bitte Platz!«, sagte Alexa und deutete mit einer einladenden Geste auf eins der Sofas. »Betty hat mir erzählt, bei Ihnen sei noch Licht gewesen, als sie gestern Abend um halb acht nach Hause ging, und Sie seien bereits hier gewesen, als sie heute früh herkam.«

Sie setzte sich mir gegenüber auf die andere Couch.

»Ich nehme an, das ist für mich?«, fragte Alexa und deutete auf die grüne Mappe mit meiner Kündigung, die ich auf den Couchtisch gelegt hatte.

Ich nickte und wartete darauf, dass sie die Mappe zur Hand nahm. Stattdessen lehnte sie sich auf dem Sofa zurück. Es wirkte so, als habe sie alle Zeit der Welt.

»Erzählen Sie mir doch mal, was mit Ihnen los ist«, forderte sie mich auf.

Ich deutete auf die grüne Mappe. »Das ist meine Kündigung. Es tut mir leid, Alexa.«

Das Nächste, was ich hörte, überraschte mich vollkommen. Es war kein Seufzen, keinerlei Vorwurf, sondern ein Lachen! Allerdings war es kein höhnisches Lachen. Was war mir entgangen? Ich verstand es nicht. Wie konnte Alexa angesichts all dessen, was ich vermasselt hatte, immer noch so freundlich sein?

»Ben«, sagte sie, »Sie werden jetzt nicht aussteigen.« Sie schob den Hefter in meine Richtung zurück. »Nehmen Sie das wieder an sich. Ich weiß mehr über Ihre Situation, als Ihnen bewusst ist. Ich möchte, dass Sie zumindest noch ein paar Monate bleiben. Aber Sie müssen sich dazu verpflichten, in dieser Zeit etwas zu verändern.«

»Sind Sie sich wirklich sicher?«, fragte ich sie verblüfft.

»Dazu möchte Ihnen gern Folgendes sagen«, entgegnete sie. »Vor vielen Jahren war ich in einer ähnlichen Situation wie Sie. Ich musste den Tatsachen ins Auge sehen. Wenn ich erfolgreich sein wollte, musste ich einige Dinge grundlegend ändern. Ich war ziemlich verzweifelt. Ein Mann namens Joseph setzte sich mit mir zusammen und stellte mir ein paar konkrete Fragen. Oberflächlich betrachtet wirkten sie einfach. Aber diese Fragen öffneten mir Türen, von deren Existenz ich bis zu diesem Zeitpunkt nichts gewusst hatte. Er fragte mich: ›Sind Sie bereit, die Verantwortung für Ihre Fehler zu übernehmen – sowie für die Einstellungen und Verhaltensweisen, die dazu geführt haben?‹ Dann fragte er mich: ›Sind Sie bereit – egal mit welchem Widerwillen Sie das auch tun mögen – sich selbst zu verzeihen und sogar über sich selbst zu lachen?‹ Und schließlich fragte er mich: ›Werden Sie versuchen zu erkennen, was wertvoll an Ihren Erfahrungen war, besonders an den schwierigsten? Mit anderen Worten: Sind Sie bereit, aus Ihren Erfahrungen zu lernen und demnach etwas zu verändern?‹«

Alexa erzählte mir außerdem, auf welche Weise die Arbeit mit Joseph sowie die Methoden, die er im Laufe der Jahre entwickelt hatte, nicht nur ihr eigenes Leben, sondern auch das ihres Ehemannes Stan verändert hatten. »Stan hat sein Vermögen in den letzten Jahren mehr als verdreifacht. Er schreibt seinen Erfolg sowie den seiner Firma dem zu, was Joseph ihn gelehrt hat. Joseph wird Ihnen all das wahrscheinlich ebenfalls berichten. Er erzählt sehr gern Geschichten, vor allem darüber, wie sich das Leben von Menschen gewandelt hat, indem sie ihre Fragen veränderten.«

Ich muss etwas ungläubig dreingeblickt haben, denn Alexa fügte hinzu: »Machen Sie sich keine Gedanken darüber, was ich mit *Fragen, die das Leben von Menschen verändern,* meine. Das werden Sie schon bald erfahren.« Sie machte eine Pause. Dann fuhr sie entschieden fort: »Ich möchte, dass Sie mit meinem Freund Joseph zusammenarbeiten, und zwar ab sofort. Ich bin sicher, dass er sich eine bestimmte Zeit lang mit Ihnen treffen wird. Vereinbaren Sie einen Terminplan mit ihm. Das hat jetzt oberste Priorität.«

»Was ist er – etwa ein Therapeut?« Die Vorstellung, einen Psychologen zu konsultieren, behagte mir gar nicht.

Alexa schmunzelte. »Nein, er ist ein Coach für Führungskräfte. Ich bezeichne ihn als *einen Coach, der Fragen stellt.*«

Ein *Coach, der Fragen stellte!* Wenn ich irgendetwas wusste, dann dass ich Antworten brauchte und keine weiteren Fragen. Wie sollten weitere Fragen mir etwas bringen oder mich aus dem Loch herausholen, in dem ich steckte?

Als ich gerade aufbrechen wollte, schrieb Alexa rasch etwas auf ein Blatt Papier, schob dieses in einen Umschlag und klebte ihn zu. »In diesem Umschlag ist eine Vorhersage, die ich gerade getroffen habe«, sagte sie geheimnisvoll und reichte ihn mir. »Legen Sie ihn in Ihre grüne Mappe und öffnen Sie ihn nicht, bevor Sie Ihre Arbeit mit Joseph beendet haben und ich Ihnen gesagt habe, dass es jetzt an der Zeit ist.« Dann reichte sie mir Josephs Visitenkarte. Ich drehte sie um. Auf der Rückseite befand sich ein großes Fragezeichen. Das irritierte mich sehr. Die Vorstellung, wertvolle Zeit mit einem Menschen zu verbringen, dessen Logo ein Fragezeichen war, widersprach allem, wovon ich überzeugt war.

Zurück in meinem Büro ließ ich mich schwer auf meinen Schreibtischstuhl sinken. Mein Blick fiel auf einen kleinen vergoldeten Bilderrahmen an der Wand. Er enthielt einen Spruch, der lediglich aus zwei Worten bestand: *Hinterfrage alles!* In vielen Räumen bei QTec hing dieses Zitat, das angeblich von Albert Einstein stammt. So sehr ich Alexas Führungsqualitäten auch respektierte und schätzte, diese Botschaft hatte in mir stets Widerspruch ausgelöst. Jeder wusste schließlich, dass Führungskräfte *Antworten* parat haben sollten, nicht aber Fragen.

Meine Augen waren auf Josephs Visitenkarte mit dem Fragezeichen gerichtet. Worauf hatte ich mich nur eingelassen? Das würde erst die Zeit zeigen. Aber zumindest konnte ich meine Entscheidung über die Kündigung vertagen. Meine Gedanken wanderten zu Grace. Wie sollte ich die Situation zwischen uns nur wieder bereinigen? In diesem Moment war ich über eine Sache sehr dankbar – Alexa hatte sich nicht nach Grace und unserer Beziehung erkundigt. Ich glaube, das hätte das Fass bei mir zum Überlaufen gebracht. Ich wusste, das Alexa meine Frau sehr gern mochte. Sie war sogar zu unserer Hochzeit gekommen. Von unseren Eheproblemen zu erfahren, hätte sie nicht erfreut.

Lange Zeit saß ich nur da und starrte auf Josephs Visitenkarte. Die Tatsache, dass Alexa meine Kündigung nicht angenommen hatte, schenkte mir etwas Hoffnung. Es machte mir

Mut, dass sie mich ihrem eigenen Mentor empfahl – wobei sich erst noch herausstellen musste, ob ihr Vertrauen in mich gerechtfertigt war. Aber schließlich hatte ich nichts zu verlieren, wenn ich einen Termin mit diesem Fragen stellenden Coach vereinbarte. Und obwohl ich skeptisch war, war ich gleichzeitig auch neugierig. Wenn dieser Joseph Alexa und Stan so gut geholfen hatte, hatte er möglicherweise Antworten parat, die auch mir weiterhelfen würden.

»Hinterfrage alles!«

Albert Einstein

Kapitel 2

Herausforderung angenommen

Was Sie hierher gebracht hat,
wird Sie nicht weiterbringen.

Marshall Goldsmith

Mein Termin mit Joseph S. Edwards war um zehn Uhr am nächsten Morgen. Ich erzählte Grace weder etwas davon noch von meinem Gespräch mit Alexa. Und natürlich sagte ich ihr nicht, dass ich die Kündigung erwogen und sogar schon geschrieben hatte. Zuzugeben, dass ich Probleme hatte, war mir noch nie leichtgefallen. Ich zog es vor, sie für mich allein zu lösen. So hatte ich Grace bereits seit einer ganzen Weile immer wieder abgeblockt und ärgerte mich zunehmend über ihre ständigen Fragen, was mit mir los sei. Bis ich die richtigen Antworten und Lösungen gefunden hatte, wollte ich die Situation durchstehen und meine Schwierigkeiten für mich behalten. Aber in der Regel gelang es mir nicht sehr gut, meine Probleme Grace gegenüber zu verbergen.

Ich hätte wissen müssen, dass ihr klar war, dass mich etwas anderes belastete als der normale Arbeitsstress. Als wir an diesem Morgen zum Flughafen fuhren, weil Grace zu einer Besprechung in einer anderen Stadt fliegen musste, brachte sie das Thema wieder zur Sprache. Als ich vor dem Terminalgebäude an der Bordsteinkante hielt, sagte sie zu mir: »In der letzten Zeit fühle ich mich wie eine Witwe. Du bist die ganze Zeit so distanziert und mürrisch. Wenn du eine echte Partnerschaft mit mir willst, werden wir einige Dinge verändern müssen, Ben.«

Ich liebe Grace wirklich, aber ich in dem Moment war ich nicht besonders gut gelaunt.

»Das kann ich gerade überhaupt nicht brauchen«, fuhr ich sie barscher an, als ich es gewollte hatte.

Grace blickte mich perplex an. Wir stiegen aus und ich holte ihre Aktentasche aus dem Kofferraum. Als ich sie ihr reichte, begegneten sich unsere Blicke, und einen Moment lang befürchtete ich, dass sie anfangen würde zu weinen. Es war nicht richtig, sie so stehen zu lassen, das war mir bewusst, aber ich fühlte mich in die Ecke gedrängt. Außerdem würde ich zu spät zu meinem Termin mit Joseph kommen, wenn ich mich in eine lange Diskussion verwickeln ließ. Unser kleines Problem musste warten. Grace zwang sich zu einem Lächeln und sagte mir, dass sie am Abend zurückkommen werde, ich mir aber keinen Kopf darüber machen solle, sie abzuholen. Sie werde ein Taxi nehmen. Dann drehte sie sich um und verschwand rasch in der Menge.

Ich war wütend. *Warum musste sie ausgerechnet an diesem Morgen einen Streit anfangen?* Ich trat energisch aufs Gaspedal und scherte in den Verkehr ein. Hupen ertönten. Ich stieg heftig auf die Bremse, als irgendein Verrückter an mir vorbeischoss, der mich nur knapp verpasste. Ich war außer mir vor Wut. Angesichts dieses Fast-Zusammenstoßes, des Konflikts mit Grace und der Tatsache, dass ich zu einem Termin musste, vor dem es mir graute, begann mein Morgen äußerst schlecht.

Josephs Büro befand sich im Stadtzentrum, im Pearl Building, einem 14-stöckigen Gebäude, das in den 1930er-Jahren erbaut und vor Kurzem renoviert worden war. Die Altstadt, wie wir diesen Bereich nannten, war ein belebtes Einkaufszentrum mit tollen Restaurants, Cafés und ausgefallenen kleinen Läden. Grace und ich gingen dort des Öfteren abends in einem kleinen Restaurant namens Metropol essen. Grace ist eine Kunstliebhaberin und hat mir eine völlig neue Welt eröffnet, von deren Existenz ich zuvor kaum etwas gewusst hatte. Dank ihr haben wir viele gemeinsame glückliche Stunden beim Schmökern in Buchhandlungen und in Kunstgalerien verbracht. Als ich an diesem Morgen an unseren vertrauten Lieblingsorten vorbeikam, fragte ich mich, was die Zukunft wohl für uns bereithalten mochte.

Ich drückte die blank polierte Messingtür des Pearl Buildings auf, ging über den Marmorboden der Eingangshalle und fuhr mit einem Aufzug in Josephs Penthousebüro. Ich betrat ein großes Foyer, das aussah wie eine Privatresidenz. Mehrere große Ficusbäume streckten sich einem großen Dachfenster entgegen.

Hinter diesem Vorraum öffnete sich eine Flügeltür einladend zu einem langen Flur. An den Wänden hingen einige Kunstwerke. Ich dachte daran, dass sie Grace gefallen würden.

»Sie müssen Ben Knight sein!« Joseph Edwards kam voller Elan auf mich zu. Ich schätzte ihn auf Anfang 60, obwohl er sich wie ein flinker Sprinter bewegte, der nur ein Viertel so alt war. Er war nicht größer als 1,80 Meter und leger gekleidet. Sein ausgefallener Strickpullover mit unzähligen Streifenmustern war der reine Blickfang. Er sah völlig anders aus, als ich es erwartet hatte.

Josephs glatt rasiertes Gesicht strahlte gut gelaunt. Seine braunen Augen funkelten mit einer beinahe kindlichen Begeisterung. Die zotteligen, weißen Locken auf seinem Kopf erinnerten mich an Fotos des späten Albert Einstein.

Josephs warmherzige Begrüßung minderte meine Bedenken, Zeit mit ihm zu verbringen, etwas. Er geleitete mich den Flur entlang zu seinem Büro und erklärte mir dabei, dass an den Wänden einige Artefakte hingen, die er als seine »Question Thinking Ruhmeshalle« bezeichnete. Was ich zunächst für Bilder gehalten hatte, waren tatsächlich eingerahmte Zeitschriftenartikel und Briefe. Ich konnte sie mir nicht genau ansehen. Wir wandten uns nach links und betraten einen großen, von der Morgensonne durchfluteten Raum.

In dem Zimmer befanden sich bequeme Sessel, ein offenbar viel genutzter gemauerter Kamin sowie ein Konferenztisch aus Nussbaum mit dazu passenden Stühlen. An einer Wand hingen Urkunden sowie ein paar Dutzend signierte Fotos. Auf vielen davon schüttelten die abgebildeten Personen Joseph die Hand. Ich erkannte einige Gesichter, die ich im Laufe der Jahre in den Nachrichten gesehen hatte. Alexa hatte mich im Grunde nicht darauf vorbereitet. Joseph war in Geschäftskreisen und auch darüber hinaus offenbar sehr gut vernetzt.

Überdies erblickte ich die Umschläge dreier verschiedener Bücher, die edel eingerahmt waren. Joseph hatte sie geschrieben. Bei jedem kam der Begriff Question Thinking im Titel vor. Ein Umschlag fiel mir besonders ins Auge. Das Buch war gemeinsam mit einer Koautorin namens Sarah Edwards geschrieben worden und behandelte das Thema »Fragen stellen in der Ehe«.

Ich war beeindruckt, aber auch verunsichert. Wir betraten einen weniger gediegen ausgestatteten Raum, in dem ich mich etwas wohler fühlte. Fenster an drei Seiten boten einen spektakulären Blick auf die Stadt. In der Ferne stiegen dünne Wolken aus dem Wald auf. Der Blick schien sich endlos in die Ferne zu erstrecken.

Ich machte es mir in einem großen Ledersessel bequem, während Joseph ebenfalls in einem solchen Sessel neben mir

Platz nahm. In seiner linken Hand ließ er eine Lesebrille mit einer randlosen Fassung hin und her baumeln.

Nach einem kurzen Kennenlerngespräch fragte er mich: »Was ist Ihrer Meinung nach Ihre größte Stärke?«

»Ich bin der Anworten-Mann, der Ansprechpartner, an den man sich wenden kann«, erwiderte ich stolz. »Ich habe meine ganze Karriere darauf ausgerichtet, die Person zu sein, an die Menschen sich wenden, um Antworten zu bekommen. Letztlich kommt es auf Antworten und Resultate an. Darum geht es in der Geschäftswelt.«

»Das stimmt. Aber wie kann man die besten Antworten bekommen, ohne zunächst die besten Fragen zu stellen?« Joseph machte eine Pause, setzte seine Brille auf und sah mich über den oberen Brillenrand hinweg an: »Gibt es eine einzelne Frage, die Ihre Arbeitsweise Ihrer Meinung nach charakterisiert?«

Wie kann man die besten Antworten bekommen, ohne zunächst die besten Fragen zu stellen?

»Aber sicher«, antwortete ich. »Finde die richtigen Antworten und sei bereit, sie zu belegen. Das ist mein Motto.«

Joseph forderte mich auf, das noch einmal als Frage zu formulieren, eine, die ich mir selbst stellen würde. Ich wusste nicht, welchen Sinn das haben sollte, aber ich tat, worum er mich gebeten hatte. »In Ordnung. Die Frage, mit der ich arbeite, lautet: *Wie kann ich beweisen, dass ich recht habe?*«

»Das ist großartig«, sagte Joseph. »Damit haben wir Ihr Problem möglicherweise bereits auf den Punkt gebracht.«

»Mein Problem?«

»Dass Sie der Antworten-Mann sind und beweisen müssen, dass Sie recht haben«, erklärte Joseph. »Ich muss sagen, wir kommen schneller zum Kern, als ich erwartet hatte, Ben.«

Ich war mir nicht sicher, dass ich ihn richtig verstanden hatte. *Machte er Witze?* Nein, er war todernst. »Wie bitte?«

»Es kann wichtig sein, Beweise dafür zu finden, dass unsere Antworten korrekt sind«, sagte er. »Aber würden Sie einräumen, dass es Zeiten gibt, in denen zu viel des Guten Ihnen Probleme bereiten kann? Wie kommt es zum Beispiel Ihrer Meinung nach bei Ihrem Team an, dass Sie ständig recht haben müssen?«

»Ich weiß nicht genau, worauf Sie hinauswollen«, antwortete ich und meinte das wirklich so. Ich wollte, dass mein Team Antworten fand, die richtigen Antworten. »Jeder sucht nach Antworten. Dafür werden wir schließlich bezahlt, oder etwa nicht?«

»Lassen Sie mich für einen Moment persönlich werden«, sagte Joseph. »Funktioniert es bei Ihrer Frau, wenn Sie versuchen zu beweisen, dass Sie recht haben?«

Das hatte gesessen. »Nicht wirklich«, gestand ich. Grace hatte mir gesagt, wie sehr meine Angewohnheit, darauf zu bestehen, dass ich recht hatte, sie häufig frustrierte.

»Bei meiner Frau funktioniert es auch nicht so gut«, sagte Joseph lächelnd. »Lassen Sie uns das im Kopf behalten und uns etwas genauer ansehen, was Fragen eigentlich bewirken. Sicherlich ist uns bewusst, dass Fragen ein zentraler Teil der Kommunikation sind. Aber es ist nicht immer offensichtlich, welche Rolle sie beim Denken spielen. Und hier können Question Thinking-Techniken ungemein wertvoll sein.

Wenn Sie bereit sind, die wahre Kraft der Fragen zu nutzen, können sie Ihr gesamtes Leben verändern. Es geht darum, die Menge sowie die Qualität der Fragen zu steigern, die wir uns selbst und anderen stellen. Überdies kommt es enorm auf unsere Intention beim Fragenstellen an. Wie der rumänische Dramatiker Eugène Ionesco in einem berühmten Zitat sagte: *Die einzig mögliche Antwort ist die Frage selbst.*«

Ich muss verwirrt ausgesehen haben, denn Joseph hielt inne und fragte mich: »Sie haben von Question Thinking noch nie gehört, oder?«

Ich schüttelte den Kopf.

»Question Thinking oder kurz QT ist ein System aus Instrumenten und Techniken, das Fragen nutzt, um das Handlungsspektrum bei nahezu jeder Situation zu erweitern. Man entwickelt Techniken zur Verfeinerung der eigenen Fragen, damit man bei allem, was man tut, bessere Ergebnisse erzielt. Man beginnt damit, sich Fragen über sich selbst zu stellen. Erst danach richtet man Fragen an andere. Das QT-System, also Fragen stellen, kann das Denken buchstäblich in Gang bringen – und zwar auf eine Weise, die fokussiert, kreativ und effizient ist. Es ist ein wunderbarer Weg, eine Basis für klügere Entscheidungen zu schaffen.«

»Fahren Sie fort«, sagte ich skeptisch.

»Zum Großteil sind wir uns unserer Fragen kaum bewusst, vor allem derjenigen, die wir uns selbst stellen. Aber Fragen sind fast in jedem Moment unseres Lebens ein Teil unseres Denkprozesses. Das Denken läuft im Prinzip als innerer Frage- und Antwortprozess ab. Und nicht nur das, häufig beantworten wir unsere eigenen Fragen, indem wir aktiv werden, indem wir etwas tun.

Ich gebe Ihnen ein Beispiel. Als Sie sich heute Morgen angezogen haben, sind Sie bestimmt zu Ihrem Schrank oder Ihrer Kommode gegangen – oder vielleicht haben Sie sogar auf den Boden geschaut – und haben sich dabei Fragen wie die Folgenden gestellt: *Wohin gehe ich? Wie ist das Wetter? Was ist bequem?* Oder sogar: *Was ist sauber?* Sie haben Ihre Fragen beantwortet, indem Sie eine rasche Entscheidung getroffen und dann etwas *getan* haben. Sie haben einige Kleidungsstücke ausgewählt und sie angezogen. Sie tragen letztlich Ihre Antworten.«

»Dagegen kann ich wohl kaum etwas einwenden. Aber wie Sie selbst sagen, falls ich mir solche Fragen gestellt habe, war ich mir dieser zu dem Zeitpunkt kaum bewusst. Tatsächlich war meine wichtigste Frage, ob Grace meine Kleidung, wie versprochen, bei der Reinigung abgeholt hat.«

Wir lachten beide.

Question Thinking ist ein System aus Techniken, um das Denken und Handeln sowie Ergebnisse mithilfe geschickter Fragen zu verändern – Fragen, die wir sowohl uns selbst als auch anderen stellen.

Joseph war richtig in Fahrt. Wahrscheinlich war es am besten, wenn ich mich zurücklehnte und ihn zu Ende reden ließ. Außerdem war mein Interesse mittlerweile geweckt.

»Wenn wir feststecken«, fuhr Joseph fort, »ist es normal, fieberhaft nach Antworten und Lösungen zu suchen. Aber dabei errichten wir häufig unabsichtlich Blockaden, anstatt Öffnungen zu schaffen. Ich erinnere mich gern an das folgende wunderbare Zitat von Albert Einstein: ›Probleme kann man niemals mit derselben Denkweise lösen, durch die sie entstanden sind.‹ Um unsere Probleme zu lösen, müssen wir zunächst unsere Fragen verändern; sonst werden wir wahrscheinlich immer wieder die gleichen alten Antworten bekommen.«

>>Probleme kann man niemals mit derselben Denkweise lösen, durch die sie entstanden sind.<<

Albert Einstein

>>Neue Fragen können unsere Perspektive vollkommen verändern und uns dazu bringen, unsere Probleme auf eine frische Weise zu betrachten. Fragen haben sogar den Lauf der Dinge verändert. Lassen Sie mich Ihnen dazu ein dramatisches Beispiel geben. Bedenken Sie Folgendes: Vor langer Zeit wurden nomadische Gesellschaften von der grundsätzlichen Kernfrage angetrieben: *Wie gelingt es uns, zum Wasser zu kommen?*<<

Ich nickte. >>Was sie weiterhin zu Nomaden machte ...<<

>>Aber machen Sie sich nur einmal bewusst, was passierte, als unsere Vorfahren ihre grundlegende Kernfrage folgendermaßen veränderten: *Wie erreichen wir, dass das Wasser zu uns kommt?* Diese neue Frage leitete einen der bedeutendsten Paradigmenwechsel der Menschheit ein. Damit begannen die Landwirtschaft einschließlich der Erfindung der Bewässerung und Wasserspeicherung sowie das Bohren von Brunnen und schließlich der Bau von Städten, häufig viele Meilen vom Wasser entfernt. Denken Sie nur an Las Vegas. Diese neue Frage veränderte das Verhalten der Menschen, den Lauf der Geschichte, und wir können nie wieder umkehren.<<

>>Ich glaube, ich verstehe, was Fragen damit zu tun haben, was man anzieht, und sogar, welche Rolle sie für den Paradigmenwechsel der Nomaden spielen. Aber wie lässt sich das auf die Arbeitswelt übertragen? Und um es noch mehr auf den Punkt zu bringen: Wie kann es *mir* bei meinen Problemen helfen?<<

>>Der Punkt ist, dass Fragen zu Ergebnissen führen<<, antwortete Joseph. >>Sie geben quasi vor, wie wir denken, uns ver-

halten und welche Resultate möglich sind. Nehmen wir an, es gibt drei Unternehmen. Jedes davon wird von einer der folgenden Fragen angetrieben: *Wie stellen wir die Aktionäre am besten zufrieden? Wie stellen wir die Kunden am besten zufrieden? Wie stellen wir die Angestellten am besten zufrieden?* In einem Unternehmen führt jede Frage unsere Gedanken in eine unterschiedliche Richtung. Jede Frage wirkt sich unterschiedlich auf die Prioritäten aus, auf das tägliche Verhalten sowie auf die Strategien, um Ziele zu erreichen. Sie sollten sich Folgendes stets bewusst machen: *Fragen führen zu Ergebnissen.* Das gilt für Ihren Alltag bei QTec genauso wie für die Nomaden vor Tausenden von Jahren.«

Fragen führen zu Ergebnissen.

»Ihre Ideen sind interessant«, sagte ich ausweichend. »Aber ich habe mir meinen Ruf im wahrsten Sinne des Wortes durch Antworten erworben … und nicht durch Fragen.«

»Glücklicherweise«, fuhr Joseph fort, »ist der Weg von einem Antworten-Mann zu einem Mann der Fragen kürzer, als Sie vielleicht denken.«

Worauf wollte er hinaus? Meine geliebte Rolle als Antworten-Mann aufzugeben war so ziemlich das Letzte, wonach mir der Sinn stand. Etwas, das so lange so gut für mich funktioniert hatte, wollte ich nicht einfach über Bord werfen. Ich war ziemlich fest von dem Gedanken überzeugt: Wenn wir uns lediglich auf Fragen konzentriert hätten, würden wir uns immer noch am Kopf kratzen und mit angespitzten Stöcken nach unserem Abendessen jagen.

Joseph nahm seine Brille ab und hielt inne, als überlege er, was er als Nächstes sagen würde. Dann sprach er mit langsamer, fester Stimme.

»Sie sollten den Tatsachen ins Auge sehen, Ben – Sie sind in Schwierigkeiten. Eine Ihrer größten Stärken – der Antworten-Mann zu sein – ist zu einer Bürde geworden. Darum geht es im Prinzip.«

Während Joseph sprach, stellte ich mir vor, dass Grace mit mir in diesem Büro saß. Sie hätte ihm absolut zugestimmt. Mein Magen krampfte sich zusammen.

»Wenn es für Sie immer noch funktionieren würde, der Antworten-Mann zu sein«, fuhr Joseph fort, »hätten Sie die Nacht in Ihrem Büro nicht damit verbracht, Ihre Kündigung zu schreiben. Alexa hat mir davon erzählt. Ich weiß, wie Sie sich gefühlt haben. Ich habe selbst nächtelang mit den Wänden meines Büros diskutiert … Ich glaube, ich kann Ihnen helfen«, fuhr er fort. »Alexa hat Ihren beruflichen Werdegang lange mitverfolgt. Sie ist überzeugt von Ihrem großen Potenzial und hat offensichtlich viel in Sie investiert. Aber sie ist auch der Meinung, dass Sie ohne ein paar größere Veränderungen als Führungskraft bei QTec keinen Erfolg haben werden. Sie kennt Sie ziemlich gut, Ben. Bevor sie Sie eingestellt hat, sprach sie mit mir über ihre Bedenken, Sie ins Unternehmen zu holen. Sie war sich vor allem nicht sicher, ob Sie bereit für eine Führungsposition wären. Wenn ich mich nicht irre, hat Sie diese Vorbehalte auch Ihnen gegenüber geäußert. Alexa redet normalerweise nicht um den heißen Brei herum.«

Angesichts dieser Bemerkung lachten wir beide, und ich war dankbar für den Moment der Heiterkeit. Alexa war die direkteste Person, der ich je begegnet war. Sie hielt nie mit etwas hinter dem Berg.

Es war mir ziemlich peinlich, als ich mich an ihre genauen

Worte am Tag meiner Einstellung erinnerte: »Ben, ich stelle Sie ein, weil Sie absolut der Beste auf Ihrem Gebiet sind. Ich bin völlig überzeugt von Ihrer technologischen Kompetenz. Diese brauchen wir für die neuen Märkte, die wir uns eröffnen möchten. Bedenken habe ich lediglich bezüglich Ihrer sozialen Kompetenz. Hier müssten Sie besser werden, wenn Sie es als Führungskraft schaffen wollen. Ich setze auf Sie, und ich habe vor, diese Wette zu gewinnen.«

Zu dem Zeitpunkt war ich rasch über Alexas Warnung hinweggegangen. Ich rief stattdessen sofort Grace an, um ihr von meinem großen Coup zu erzählen. Wenn ich Alexas Warnung überhaupt wahrgenommen hatte, dann ging sie spätestens unter, als ich Pläne für die Siegesfeier machte, die ich an diesem Abend mit meiner Frau feiern wollte.

»Als Antworten-Mann«, sagte Joseph, »hat Ihre Beharrlichkeit, die richtigen Antworten zu finden, zu einigen großartigen Durchbrüchen geführt. Zwischen der Tatsache, die richtigen Antworten parat zu haben, und der Gefahr, als Besserwisser wahrgenommen zu werden, besteht allerdings häufig nur ein schmaler Grat. Manchmal wirkt man auf andere vielleicht sogar arrogant und unsozial. Angesichts des höheren Drucks und der größeren Verantwortung in Ihrer neuen Position hat die besserwisserische Art bei Ihnen vermutlich zu sehr überhandgenommen. Und sobald man in eine solche Schublade gesteckt wird, hat man ein Problem. Wenn andere beginnen, einen so zu sehen, kann man dann wirklich von ihnen erwarten, dass sie einen mögen oder respektieren?«

»Geht es hier denn um einen Beliebtheitswettbewerb?«, konterte ich. Meiner Meinung nach ist eine gute Führungskraft für eine Sache zuständig – sie muss ihren Job machen und dafür sorgen, dass die anderen ebenfalls die ihnen zugewiesenen Aufgaben erledigen. Niemand in meinem Team war produktiv.

»Wenn Sie als Führungskraft mit anderen Menschen zu tun haben«, sagte Joseph, »wünschen Sie sich von ihnen, Eigeninitiative zu haben, Fragen zu stellen und Antworten zu finden, auf die Sie selbst vielleicht nicht gekommen sind. Ihre Leistungen sind das Ergebnis des gesamten Einsatzes der Menschen, mit denen Sie zusammenarbeiten, und nicht nur ihrer alleinigen eigenbrötlerischen Arbeit. Die Fähigkeiten, die Ihnen die beeindruckenden technologischen Durchbrüche in der Vergangenheit beschert haben, sind nicht die gleichen Fähigkeiten, die Sie benötigen, um andere erfolgreich zu führen. Um es mit den Worten von Marshall Goldsmith zu sagen: ›Was Sie hierher gebracht hat, wird Sie nicht weiterbringen.‹«

Joseph ging zu seinem Schreibtisch und nahm ein Buch aus einer Schublade. Als er es mir reichte, las ich den Titel: ›Arbeitsbuch Question Thinking‹. Ich begann, darin herumzublättern.

»Wenn Sie tatsächlich wie ein Besserwisser rüberkommen«, fuhr Joseph fort, »lassen Sie anderen nicht sehr viel Raum, und das wird dem Antworten-Mann zum Verhängnis. Was die technischen Dinge betrifft, sind Sie großartig, Ben, aber Ihr aktueller Job erfordert viel mehr als das. Sie arbeiten mit Menschen, nicht mit Dingen. Im Umgang mit Menschen gibt es eine magische stimmige Mischung aus Fragen und Antworten. Ich mache Ihnen folgenden Vorschlag: Beginnen Sie damit, mehr zu *fragen* und viel weniger zu *erzählen*. Bei der erfolgreichsten Kommunikation geht es viel mehr ums Fragen und weniger ums Erzählen. Wenn Sie keine Fragen stellen, wie wollen Sie dann Raum für neue Informationen und Ideen schaffen oder herausfinden, was die Mitarbeiter denken oder brauchen? Der vorherrschenden Meinung zufolge ist es genau umgekehrt – sogar die meisten ausgewiesenen Kommunikationskurse fokussieren sich auf das Erzählen anstatt auch nur annähernd genug auf die Bedeutung des Fragenstellens.

Für Sie ist es essenziell, neugierig zu werden und mehr Fragen zu stellen, Ben. Nicht nur über technische Dinge, sondern vor allem über die Menschen um sie herum. Beginnen Sie damit, sich Fragen zu stellen wie etwa: *Was kann ich tun, damit meine Mitarbeiter sich stärker engagieren? Was kann ich tun, damit die Leute zusammenarbeiten? Was brauchen die anderen von mir? Welche Dinge, die ich nicht bemerkt habe, können sie einbringen?*«

»Ich habe den Eindruck, Sie legen den Schwerpunkt viel zu sehr auf die Fragen«, entgegnete ich. »Jeder hat Fragen. Man kann sie leicht stellen. Aber nach meiner Erfahrung sorgt derjenige, der Antworten hat, dafür, dass auch etwas passiert.«

»Machen Sie sich nichts vor, Ben. Sie befinden sich in einer Sackgasse. Werden Sie den Weg von dort wieder hinausfinden? Alexa ist davon überzeugt, dass Sie es schaffen werden. Es ist Ihre Entscheidung, nicht meine, daher kann ich diese Frage nicht für Sie beantworten. Aber hier sind ein paar weitere Fragen, die Sie sich selbst stellen könnten: *Höre ich wirklich aufmerksam zu, wenn andere Menschen Fragen stellen und Vorschläge machen? Haben andere Leute das Gefühl, dass ich ihre Fragen und Vorschläge aufmerksam anhöre? Fühlen sie sich von mir respektiert? Fühlen sie sich dazu ermuntert, Risiken einzugehen und anderen ihre Ideen mitzuteilen?*«

Joseph machte eine Pause. »Sie sehen verwirrt aus«, sagte er. »Möchten Sie mir sagen, was in Ihnen vorgeht?«

Ich brauchte einen Moment, um meine Gedanken zu sortieren. Tatsächlich hatte ich nicht erwartet, dass dieses Gespräch so persönlich werden würde. Als ich mir die Fragen über meinen Umgang mit anderen Menschen stellte, war ich verblüfft, aber ich verstand trotzdem noch nicht, worauf all das hinauslaufen sollte. »Diese ganze Theorie ist ja schön und gut«, brachte ich schließlich hervor, »aber soziale Kompetenzen, die sogenannten Soft Skills, wirken so, nun ja, *weich*. Ich dachte, wir würden etwas Praktisches erörtern, etwas, womit man konkrete Ergebnisse erhält, damit das Blatt sich wendet.«

Joseph lachte freundlich. »Unterschätzen Sie nicht die Macht der Soft Skills. Wie eine gemeinsame Freundin von uns einmal gesagt hat: ›Wir ignorieren die Soft Skills auf eigenes Risiko. Die Entwicklung der Sozialkompetenz kann entscheidend dafür sein, ob wir erfolgreich sind oder scheitern.‹«

»Das klingt nach Alexa«, vermutete ich.

Joseph nickte. »In der heutigen Welt reicht es nicht, herausragende technische Kenntnisse oder die beste Ausbildung in einem Fachgebiet zu haben. Führungskräfte brauchen soziale, zwischenmenschliche Fähigkeiten und müssen in der Lage sein, konstruktiv mit anderen zu kommunizieren. Betrachten Sie diese sogenannten Soft Skills oder sozialen Kompetenzen als Grundpfeiler für einen erfolgreichen Führungsstil. Die gute Nachricht ist, dass es sich um erlernbare Fähigkeiten handelt.«

Wir ignorieren die Soft Skills auf eigenes Risiko. Die Entwicklung der Sozialkompetenz kann entscheidend dafür sein, ob wir erfolgreich sind oder scheitern.

»Sie und ich denken auf eine sehr unterschiedliche Weise«, sagte ich. »Sie denken in Fragen. Ich denke in Antworten. Sie werden mir beweisen müssen, dass dieses Question Thinking praktikabel genug sein kann, um bezüglich meiner Probleme etwas zu verändern.«

»Na schön«, sagte Joseph. »Beginnen wir mit einer anderen Frage: Würden Sie mir darin zustimmen, dass Sie nach Wegen suchen, sich zu verändern?«

Ich zuckte mit den Achseln. »Beweist die Tatsache, dass ich hier bin, nicht sehr deutlich, dass ich auf der Suche nach Veränderungen bin?« In Wirklichkeit dachte ich: *Was für einen Unsinn verzapft der Kerl hier bloß?* Aber das sprach ich natürlich nicht aus. Ich sagte nichts dergleichen.

»Um etwas zu verändern, müssen Sie zunächst erkennen, an welchem Punkt Sie beginnen. Je besser Sie das beobachten können, desto erfolgreicher werden Sie die gewünschten Veränderungen herbeiführen. Und dabei kann das Question Thinking Ihnen helfen. Wirklich erfolgreiche Veränderungen beginnen damit, das *Beobachter-Selbst* zu fördern. Je besser Sie erkennen, was passiert – hier ist das Beobachter-Selbst gefragt –, desto besser können Sie die richtigen Fähigkeiten und Strategien anwenden, um die gewünschten Veränderungen zu erzielen.«

Josephs Betonung des Beobachter-Selbsts weckte mein Interesse. Ich war es gewohnt, diesen beobachtenden Teil von mir zu nutzen, um technische Probleme zu lösen. Ich sah mir an, was funktionierte, was nicht funktionierte und entwickelte dann Lösungen, um das Problem zu beheben. Aber ich hatte noch nie meinen Umgang mit anderen Menschen durch diese Beobachterbrille betrachtet. Ich hatte kaum daran gedacht, meine Sozialkompetenz zu fördern, und schon gar nicht daran, dass man das lernen konnte.

»Es gibt ein Instrument in dem Arbeitsbuch, mit dem Sie Ihre Fähigkeiten als Beobachter verbessern können«, sagte Joseph. »Das ist das erste Tool. Bevor wir uns das nächste Mal treffen, sollten Sie sich das durchlesen und darüber nachdenken.«

Ich nickte abwesend, während ich in dem Arbeitsbuch nach der Stelle suchte, von der er sprach. Ob ich nun dafür bereit war oder nicht, die Fragen zur Selbstbeobachtung kamen mir bereits in den Sinn. Vor allem die folgende: »Sollte ich meine

Annahme über die Macht der Antworten hinterfragen?« Ich befürchtete bereits, möglicherweise etwas Wichtiges zu verpassen, wenn ich Joseph nicht aufmerksam zuhörte. Überdies hatte ich die Vorstellung im Hinterkopf, dass Grace vielleicht seiner Meinung war. *Erzählte ich ihr zu viel und stellte ihr zu wenige Fragen?* Mich beschlich das vage Gefühl, die Antwort bereits zu kennen.

»So wie Sie aussehen, nehme ich an, dass Sie gerade etwas durcheinander sind«, sagte Joseph. »Aber ich versichere Ihnen, dass sich alles sinnvoll zusammenfügen wird, sobald Sie wissen, wie Sie die Prinzipien des QT praktisch anwenden können – vor allem, um Ihre Fähigkeit zur Selbstbeobachtung zu fördern. Betrachten Sie dieses Arbeitsbuch als Orientierungshilfe für die Welt der Fragen. Ich verspreche Ihnen, dass die Tools Ihnen praktische Anleitungen bieten und so eine wahre Veränderung möglich machen. Sie haben keine Vorstellung davon, was das für Ihre Arbeit bedeuten kann.« Joseph lächelte mich vielsagend an und fügte hinzu: »Ganz zu schweigen von Ihren persönlichen Beziehungen.«

Question Thinking! Das würde eine Herausforderung werden. Sogar Josephs Bezeichnungen für seine Theorien kamen bei mir irgendwie quer an. Genügte es denn nicht, dass er mich aufforderte, mir selbst und anderen Menschen mehr Fragen zu stellen? Ich gebe zu: Meine Reaktion war etwas infantil, aber ich hätte mir am liebsten die Ohren zugehalten. Doch fast augenblicklich tauchte eine Frage in meinem Kopf auf: *Blockiert meine ablehnende Haltung mich dabei, offen anzuhören, was er zu sagen hat?* Egal. Es war an der Zeit, in den sauren Apfel zu beißen. Ich musste sein Angebot ausprobieren. Hatte ich denn eine Wahl? Schließlich war ich verzweifelt.

»Ich möchte eines klarstellen«, sagte Joseph. »Dieses System aus Tools und praktischen Übungen ist *keine Psychotherapie,* aber Sie können damit lernen, sich selbst angesichts von Herausforderungen zu schulen, um bessere Ergebnisse zu erzielen. Es geht darum, effektiver, produktiver, kreativer und erfolgreicher zu werden. Sowie darum, andere auf dem Weg zu diesen Zielen zu begleiten«, fuhr Joseph fort. »Sicherlich stimmen Sie mir darin zu, dass es nichts Praktischeres gibt als das. Letztlich werden Sie in der Lage sein, einen Quantensprung aus Ihrem gegenwärtigen Dilemma heraus zu machen. Auch wenn Sie im Moment noch daran zweifeln, bin ich Alexas Meinung. Ich setze auf Ihren Erfolg.«

An diesem Punkt beraumte Joseph eine halbstündige Arbeitsunterbrechung an, wie er es scherzhaft bezeichnete. Ich rief kurz in meinem Büro an. Es stand nichts an, was nicht warten konnte. Das erleichterte mich, denn ich war ziemlich aufgewühlt.

Ich beschloss, hinaus zu gehen und mich in ein ruhiges Café zu setzen. Ich wollte dort Josephs Arbeitsbuch durchsehen und über meine nächsten Schritte nachdenken. Verstand Joseph, wie wichtig meine Stärken in meiner Rolle als Antworten-Mann waren? Begriff ich etwas nicht richtig? Oder entging *ihm* etwas Wesentliches?

Als ich im Aufzug stand, sah ich mich in einem Spiegel. Das Gesicht eines Fremden starrte mich äußerst angespannt und frustriert an – das war ich selbst! War dies das Gesicht, das Grace in den letzten Monaten gesehen hatte? Ehrlich gesagt war ich mir nicht sicher, ob ich gern mit einem solchen Kerl zusammen gewesen wäre. Konnte ich mich wirklich verändern, so wie Alexa und Joseph offenbar glaubten? Und wollte ich das überhaupt? Vielleicht sollte ich akzeptieren, dass meine Stärken darin lagen, jemand zu sein, der ein Experte für Antworten war. Vielleicht war ich nicht dafür geschaffen, eine Führungskraft zu sein.

Kapitel 3

Die Choice Map

Karten helfen uns nicht nur herauszufinden,
wo wir sind, sondern auch, woher wir kommen
und wohin wir möglicherweise gehen.

Gabrielle Roth

Als wir unser Gespräch fortsetzten, deutete Joseph auf eine Zeichnung in seinem Büro. Ich hatte sie bereits bemerkt, ihr aber keine besondere Beachtung geschenkt. »Das ist die Choice Map«, erklärte er. (Diese »Entscheidungskarte« wird später in diesem Kapitel vorgestellt.) »Sie hilft uns, die beiden grundlegenden Wege zu erkennen, auf denen wir uns im Leben vorwärtsbewegen – den Lernpfad und den Kritikerpfad. Wie der Name schon sagt, verbildlicht die Karte unsere Fähigkeit, Entscheidungen zu treffen. Auf der linken Seite der Choice Map sehen Sie eine Person, die über dem Startpfeil an der Weggabelung steht. Diese Person repräsentiert Sie und mich – überhaupt jeden von uns. In jedem Moment unseres Lebens müssen wir uns zwischen dem Lernpfad und dem Kritiker-pfad entscheiden. Sehen Sie sich nun die Gedankenblasen über den Köpfen der anderen Personen an. Es besteht ein Zusammenhang zwischen den Fragen dieser Personen, dem Pfad, auf dem sie sich befinden, und der Richtung, in die der jeweilige Pfad sie führt.«

Dann machte Joseph mich auf zwei kleine Schilder in der Nähe des Startpfeils aufmerksam: Auf dem Schild über dem Lernpfad stand »wählen«; auf dem Schild unter dem Kritikerpfad stand »reagieren«. Ich betrachtete den Lernpfad, auf dem die Personen fröhlich entlangjoggten. Diesem Pfad war das Wählen zugeordnet, und er wirkte ziemlich einladend auf mich.

Dann sah ich mir den Kritikerpfad mit dem Schild an, auf dem »reagieren« stand. Dort sahen die Personen ausgesprochen beunruhigt und freudlos aus. Der Pfad führte sie zu einem Schild mit der Aufschrift »Kritiker«. Am Ende des Pfads erblickte ich einen Typen, der langsam im Schlamm des »Kritikersumpfs« versank. Ich lachte leise, musste dann aber fest schlucken. *Hatte Joseph einen solchen Eindruck von mir?* Meine Schultern verspannten sich. *Und was, wenn er recht hatte?*

»Sie denken hoffentlich nicht, dass ich wie dieser Loser im Kritikersumpf bin«, sagte ich verunsichert.

»Sie wären nicht in diesem Büro, wenn irgendjemand Sie für einen Loser halten würde«, erwiderte Joseph. »Jeder von uns hat Momente, in denen der innere Kritiker sich meldet, auch ich selbst. Das ist absolut menschlich. Die Choice Map hilft uns, bewusster auf uns selbst und andere zu achten und in jedem Moment zu erkennen, auf welchem Weg wir uns befinden. Es geht nicht darum, Menschen in eine Schublade zu stecken oder sie abzustempeln. Betrachten Sie die Choice Map als Instrument, mit dem wir effektivere Pfade finden können, die uns durch das Leben führen – und bei allem, was wir tun, bessere Ergebnisse fördern.«

Ich entspannte mich etwas.

»Fast in jedem Moment unseres Lebens stehen wir vor der Wahl, den Lernpfad oder den Kritikerpfad entlangzugehen«, fuhr Joseph fort. »Ob es uns bewusst ist oder nicht, ständig

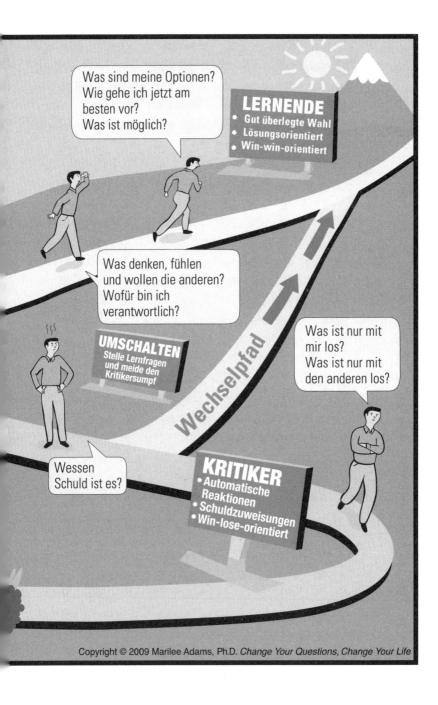

treffen wir Entscheidungen. Diese führen uns entweder auf den Lern- oder auf den Kritikerpfad. Dabei handelt es sich um unsere innere Einstellung. Wenn wir uns für eine Lernhaltung entscheiden, können wir neue Möglichkeiten entdecken. Stürzen wir uns aber auf den Kritikerpfad, bleiben wir am Ende möglicherweise im Sumpf stecken.

In der Regel schalten wir ständig zwischen einem Lernmodus und einem Kritikermodus hin und her und sind uns kaum bewusst, dass wir verschiedene Wahlmöglichkeiten haben. Der Entscheidungsprozess beginnt, wenn wir unsere eigenen Gedanken und Gefühle wahrnehmen und zudem darauf achten, wie wir diese sprachlich zum Ausdruck bringen. Der Schlüssel zum Erfolg besteht darin, die Muskeln des Beobachter-Selbst zu trainieren. Ein Selbstcoaching ist ohne einen starken inneren Beobachter unmöglich! Wir müssen dafür lediglich einfache Fragen stellen, wie etwa: *Was geschieht gerade? Wo bin ich gerade? Befinde ich mich im Lern- oder im Kritikermodus?* Unser Entscheidungsprozess beginnt damit, dass wir unser eigenes Denken und unsere Einstellung beobachten. Es ist leichter, als Sie annehmen.«

Ich nickte, immer noch skeptisch.

»Lassen Sie es uns ausprobieren«, schlug Joseph vor. »Wir haben schließlich ein perfektes Thema, mit dem wir arbeiten können. Überlegen Sie einmal, was in dem Moment geschah, als Sie mich gefragt haben, ob ich Sie als Loser und Kritiker sehe.«

»Na gut«, antwortete ich und nickte mit einem gewissen Unbehagen.

»Stellen Sie sich vor, Sie stehen an der Weggabelung von Lern- und Kritikerpfad«, sagte Joseph und deutete auf den Startpunkt auf der Choice Map. »Beachten Sie die Worte, die im Kreis über dem Kopf der Figur stehen – *Alles, was uns in einem bestimmten Moment beeinflusst.* Gedanken, Gefühle, *äußere Umstände.* Bei den äußeren Umständen kann es sich um etwas Unangenehmes handeln, zum Beispiel wenn wir eine unerwartete Rechnung oder einen Anruf mit traurigen Nachrichten erhalten. Vielleicht hat ein Lastwagen den Kotflügel Ihres neuen Autos auf einem Parkplatz geschrammt. Die ganze Welt beginnt, wie die Schlammgrube am Ende des Kritikerpfads auszusehen. Solche Dinge passieren, nicht wahr?«

Ich verdrehte die Augen und dachte, *er hat ja keine Ahnung, wie schlimm es tatsächlich ist!*

»Aber positive Ereignisse beeinflussen uns ebenfalls«, fuhr Joseph fort. »Zum Beispiel wenn Ihre Lieblingsmannschaft unerwartet gewinnt, wenn Ihr Chef Sie befördert oder Ihre Liebste Ihnen eine Einladung für einen gemeinsamen romantischen Abend schickt.«

»Ich könnte mehr von diesen positiven Dingen gebrauchen!«, murmelte ich. »Und worauf läuft das Ganze hinaus?«

»Ständig geschieht irgendetwas«, sagte Joseph. »Darauf haben wir kaum einen Einfluss. Aber wir *haben* einen Einfluss darauf, wie wir damit *umgehen.* Lassen Sie uns in unserem Fall untersuchen, was in dem Moment passierte, als ich Ihnen die Choice Map gezeigt habe. Allein die Tatsache, dass Sie sie betrachtet haben, rief Gedanken und Gefühle hervor, die Sie auf den Kritikerpfad führten. Was geschah da Ihrer Meinung nach?«

»Ich weiß es nicht«, antwortete ich. »Irgendetwas hat bestimmte Knöpfe bei mir gedrückt, und darauf habe ich reagiert.« Ich erinnerte mich an die Fragen, die mir in diesem Moment durch den Kopf geschossen waren: *Denkt Joseph, dass ich ein voreingenommener Kritiker und Loser bin? Denkt er, dass ich wie der Kerl bin, der in der Schlammgrube versinkt?*

»Ja, ich gebe es zu«, räumte ich ein. »Ich hatte eine ziemlich schlechte Einstellung.«

»Halt!«, rief Joseph aus. »Es gibt hier kein Gut oder Schlecht, kein Richtig oder Falsch. Es geht einzig und allein darum zu beobachten, was geschieht und wie Sie damit umgehen. Erinnern Sie sich an die kleinen Schilder am Anfang der Pfade – ›wählen‹ und ›reagieren‹. Anfangs haben Sie auf das reagiert, was geschehen ist, und sich selbst mit negativen Kritikerfragen bombardiert.«

»Bin ich ein hoffnungsloser Fall?«, fragte ich Joseph und zwang mich zu einem schwachen Lächeln.

Joseph lächelte zurück. »Das ist ein gutes Beispiel für eine negative Selbsteinschätzung oder Selbst-Question, die ich auch als Selbst-Q bezeichne. Sie führt uns auf direktem Weg in den Kritikersumpf.«

»Und wie komme ich da wieder heraus?«

»Sie beobachten Ihre Gedanken und entscheiden sich dann. Wenn wir in unserem Leben wirklich effektiv und zufrieden sein wollen, müssen wir zunächst zwischen dem Lern- und dem Kritikermodus unterscheiden lernen. Das ist der Schlüssel zum Question Thinking. Verändern Sie Ihre Fragen, dann verändert sich Ihr Denken. Verändern Sie Ihr Denken, dann verändern sich Ihre Ergebnisse. So werden Sie zum Beobachter und sehen Ihren Lebensfilm, wenn auch nur eine Sekunde lang. Sie nehmen lediglich wahr, welche Stimmungen, Gedanken und Verhaltensweisen auftreten, ohne sie zu deuten oder zu bewerten. Diese Achtsamkeit schafft die Voraussetzung dafür, einfach zu akzeptieren, was ist. Unter dieser Voraussetzung können Sie sich für eine Haltung entscheiden, aus der heraus Sie agieren werden, und so ist eine Veränderung möglich. Das ist etwas völlig anderes, als so von einer Situation vereinnahmt zu sein, dass man sich keine Alternativen vorstellen kann.«

Ich nickte. »Bei technischen Problemen nutze ich so etwas wie dieses Beobachter-Selbst, um meine Berechnungen und Schlussfolgerungen zu überprüfen und sicherzugehen, dass ich nichts übersehen habe. Wenn ich Sie richtig verstehe, bietet die Choice Map mir die Möglichkeit, dieses Beobachter-Selbst zu fördern, um *mich selbst* zu überprüfen – um wahrzunehmen, welche Stimmungen und Gedanken meine Entscheidungen möglicherweise beeinflussen. Nicht nur, was Zahlen betrifft, sondern auch, wenn es um mich selbst oder andere Menschen geht. Und das soll mir die Kraft verleihen, eine Kurskorrektur vorzunehmen.«

»Genauso ist es! Bestimmt haben Sie sich schon einmal dabei ertappt, jemanden mit dem falschen Namen anzusprechen oder auf eine andere Weise beinahe in ein Fettnäpfchen zu treten. Das tun wir alle. Unser Beobachter-Selbst wird auf den Fehler aufmerksam. Es ist eine natürliche Fähigkeit, die jeder besitzt. Die Choice Map fördert diese Fähigkeit. Mit ihrer Hilfe können wir uns auf das größere Bild konzentrieren. Wenn wir diese Fähigkeit nicht nutzen, befinden wir uns im Autopilot-Modus und reagieren unbewusst. Mithilfe der Choice Map können wir bewusst gezielte Entscheidungen treffen, anstatt uns von Ereignissen in unserem Umfeld oder von unseren Emotionen kontrollieren zu lassen. Das sind wichtige Führungsqualitäten, mit denen wir aufmerksam auf die anstehenden Dinge reagieren können.«

Joseph machte eine Pause. Dann begann er über das ganze Gesicht zu strahlen. »Ich möchte Ihnen eine Geschichte über mich selbst erzählen«, sagte er. »Vor ein paar Monaten befand ich mich in einer Coachingsitzung mit dem Betriebsleiter eines großen Bauunternehmens. 15 lange Minuten hörte ich mir seine Klagen an. Er machte alle anderen schlecht und gab ihnen die Schuld an den Problemen des Unternehmens. Seiner Meinung nach war die Welt voller Idioten. Ich war ziemlich genervt von seinem negativen Geschwätz und hätte ihn am liebsten aus meinem Büro geworfen. Kritikerfragen rasten wild durch meinen Kopf. *Womit habe ich diesen Kerl nur verdient? Wofür hält er sich eigentlich, für Gottes Geschenk an die Menschheit?* Als mir plötzlich klar wurde, was ich da tat, hätte ich beinahe laut gelacht. Ich verurteilte diesen Mann, weil er andere Menschen verurteilte! Ich befand mich genauso im Kritikermodus wie er. Ich war von meinem inneren Kritiker überfallen worden! Jemanden sogleich zu verurteilen, ist eine echte Sackgasse.«

Es bereitete Joseph offensichtlich Vergnügen, diese Geschichte über sich selbst zu erzählen.

»Und wie hat die Choice Map Ihnen in dieser Situation geholfen?« Ich wollte mehr über den gesamten Prozess erfahren.

»Zunächst stellt man lediglich fest, dass etwas nicht ganz in Ordnung ist«, antwortete er. »Man ist angespannt oder wütend oder einfach blockiert. Hier schaltet sich das Beobachter-Selbst ein und macht einen aufmerksamer. Dann fragt man sich: *Befinde ich mich im Kritikermodus? Möchte ich in diesem Modus sein?* Das wollte ich natürlich nicht. Wenn ich im Kritikermodus blieb, würde ich dem Mann nicht helfen können. *Niemand kann einem anderen Menschen von einer Kritikerposition aus helfen.*«

Niemand kann einem anderen Menschen von einer Kritikerposition aus helfen.

»Das klingt so, als hätten Sie Schadensbegrenzung betreiben und sich zurückziehen sollen«, überlegte ich.

»Keineswegs«, erwiderte Joseph. »Sobald unser Beobachter-Selbst erkennt, dass wir uns im Kritikermodus befinden, gewinnen wir die Kontrolle und unsere persönliche Stärke zurück. In diesem Moment haben wir die Wahl. Wir können uns dafür entscheiden, vom Kritikermodus auf den Lernmodus umzuschalten. Das gelingt uns mit speziellen Fragen; ich bezeichne sie als *Umschaltfragen*. Sie zeigen uns, wie wir die Veränderung praktisch umsetzen. Die Umschaltfrage, die an diesem Tag für mich funktioniert hat, lautete: *Wie gelingt es mir, anders über ihn zu denken?*

Das schenkte mir die innere Freiheit, mich zu fragen: *Was braucht er?* Nun wollte ich ihn nicht länger loswerden, sondern war neugierig auf ihn. Die Choice Map vereinfacht den Prozess der Selbstbeobachtung. Man entdeckt weitere Optionen und kann weisere Entscheidungen treffen, selbst unter Druck. Wenn alles gut läuft, ist es leicht, sich zu entscheiden. Erst unter Druck werden wir tatsächlich geprüft.«

Was er sagte, erinnerte mich an den schrecklichen Augenblick mit Grace am Flughafen. »Angesichts eines Konflikts schalten die Menschen offenbar auf den Kritikermodus um«, überlegte ich. »Ich meine, die Beteiligten schalten wahrscheinlich gleichzeitig auf den Kritikermodus um. Das ist ziemlich normal, oder?«

»Absolut normal«, bestätigte Joseph. »Und dann eskaliert die Situation, und die Chance auf eine gute Lösung ist im Keim erstickt. Aber ich habe einen Tipp für Sie, der eine Million wert ist: *Wenn zwei Menschen sich im Kritikermodus befinden, hat derjenige einen Vorteil, der es zuerst erkennt.* Diese Person kann auf den Lernmodus umschalten und die Situation für beide retten.«

Wenn zwei Menschen sich im Kritikermodus befinden, hat derjenige einen Vorteil, der es zuerst erkennt. Diese Person
kann auf den Lernmodus umschalten und
die Situation für beide retten.

In diesem Moment machte irgendetwas Klick bei mir. Wenn Grace und ich eine Meinungsverschiedenheit hatten, schaltete sie häufig von einer Sekunde auf die andere von einer sturen Haltung auf eine große Offenheit um. Ihre Fähigkeit, so umzu-schalten, sorgte stets für eine entspanntere Atmosphäre. Ich hatte mich oft gefragt, ob sie das automatisch machte oder ob sie irgendeinen inneren Trick anwendete. Sie hatte mir irgend-wann gesagt, dass sie einfach einmal tief durchatmete und sich die Gesamtsituation vor Augen führte. Letztlich war unsere Beziehung ihr wichtiger, als zu beweisen, dass sie recht hatte. Wenn ich das mithilfe von Josephs Techniken auch erreichen würde, dann wäre ich Charles, meinem Erzfeind in der Firma, um Längen voraus.

»Ich bin bereit, es auf einen Versuch ankommen zu lassen«, sagte ich zu Joseph. »Womit soll ich anfangen?«

»Sie beginnen mit den Fragen, die Sie an sich selbst richten, mit der Erkenntnis, dass Ihre Fragen Sie tatsächlich in einen Lern- oder einen Kritikermodus versetzen. Im Lernmodus sind wir quasi bei allem, was wir tun, am effektivsten. Denn dann sind wir am einfallsreichsten, am flexibelsten und haben die meisten Optionen.

Es ist allerdings kein Problem, wenn Sie hin und wieder den Kritikerpfad einschlagen. Das ist nur menschlich. Je stärker und zuverlässiger Ihr Beobachter-Selbst wird, desto leichter können Sie Ihre Fragen verändern und wieder auf den Lernpfad zurückkehren. Dort öffnen Sie sich erneut und steuern auf die gewünschten Ergebnisse zu.«

»Bei Ihnen klingt das so einfach«, sagte ich skeptisch.

»Es ist leichter, als Sie denken«, antwortete Joseph. »Denn alles, was Sie brauchen, steht Ihnen bereits zur Verfügung. Wenn wir ständig Umschaltfragen stellen, fördern wir einen stabilen, resilienten inneren Beobachter und eine starke Lernhaltung. Und auf diesem Weg machen wir uns zunehmend immun gegenüber der Kritikerhaltung.

Wenn wir ständig Umschaltfragen stellen, fördern wir einen resilienten inneren Beobachter und eine starke Lernhaltung. Und auf diesem Weg machen wir uns zunehmend immun gegenüber der Kritikerhaltung.

»Wir können uns anhand von relativ eindeutigen Signalen im Kritikermodus ertappen, da unsere körperlichen Reaktionen und unsere Stimmungen darauf hinweisen. Denken Sie nur daran, wie es mir angesichts des Unternehmensleiters erging. Meine Laune und Einstellung deuteten klar auf den Kritikermodus hin. Mittlerweile habe ich gelernt, die folgenden Signale mit diesem Modus in Verbindung zu bringen: *Selbstgerechtigkeit, Arroganz, das Gefühl der Überlegenheit* sowie eine *Verteidigungshaltung.* Vielleicht denken wir: *Dem Kerl habe ich es aber gezeigt!* Oder: *Das wird ihn lehren, mir nächstes Mal zuzuhören.* Oder: *Was ist dieser Typ nur für ein Idiot!*

Jedes Mal, wenn ich schlechte Laune bekomme, sind Kritikerfragen und -meinungen mit im Spiel. Sobald ich einen solchen Zustand bei mir selbst beobachte, kann ich meine Fragen verändern und den Dingen eine andere Wendung geben, die zu einem völlig anderen Ergebnis führt.«

Er hielt einen Moment lang inne, dann sagte er: »Lassen Sie uns ein Experiment durchführen. Auf diese Weise können Sie selbst erleben, wovon ich spreche, und somit mehr als nur ein theoretisches Verständnis von der Macht der Fragen und der inneren Einstellung entwickeln. Ich werde Ihnen eine Reihe von Fragen aus zwei unterschiedlichen Kategorien stellen. Sie achten währenddessen bitte darauf, welche Wirkung die Fragen der jeweiligen Kategorie auf Sie haben. Konzentrieren Sie sich auf Ihre Atmung, Ihre Muskeln, Ihre Körperhaltung und darauf, was Sie in verschiedenen Bereichen Ihres Körpers spüren.« Damit stand Joseph auf und ging zur Choice Map hinüber. »Stellen Sie sich nun die folgenden Fragen:

- *Wessen Schuld ist es?*
- *Was ist nur mit mir los?*
- *Warum bin ich ein solcher Versager?*
- *Warum mache ich nie etwas richtig?*
- *Warum sind die anderen so dumm und frustrierend?*
- *Haben wir das nicht bereits versucht?*
- *Wozu das alles?*«

Angesichts dieser Fragen wurde mir eng um die Brust. Meine Schultern verkrampften sich. Ich verspannte mich wie ein Nachwuchswerfer beim letzten Inning (Wurf) eines wichtigen Baseballspiels. Mit einem gequälten Lächeln sagte ich: »Ja, ich nehme durchaus eine gewisse Anspannung hier und da wahr.«

»Okay. Können Sie beschreiben, wie Sie sich fühlen?«

Ich zuckte mit den Achseln. »Um ehrlich zu sein, ich fühle mich wie der Kerl im Kritikersumpf.« Ich rang nach Worten, um meine Gefühle zu beschreiben. Schließlich fielen mir die folgenden Dinge ein: *Ich fühle mich hoffnungslos und hilflos. Pessimistisch. Negativ gestimmt. Ausgelaugt. Deprimiert. Verspannt. Wie ein Opfer. Versager.* Ich war erleichtert, dass Joseph nicht darauf bestand, dass ich ihm all meine Empfindungen mitteilte.

»Nehmen Sie sich nun einen Moment lang Zeit, um zu atmen, und beobachten Sie, was mit Ihnen geschieht. Stellen Sie sich vor, Sie sind ein Beobachter, der Sie hier in meinem Büro sieht. Achten Sie auch darauf, ob sich irgendwelche Emotionen und Empfindungen bei Ihnen verändern.«

Lernfragen/Kritikerfragen*

Kritikermodus	Lernmodus
Was ist nur mit mir los?	Was schätze ich an mir?
Was ist nur mit den anderen los?	Was schätze ich an den anderen?
Wessen Schuld ist es?	Wofür bin ich verantwortlich?
Wie kann ich beweisen, dass ich recht habe?	Was kann ich lernen? Was ist von Nutzen?
Warum sind die anderen so dumm und frustrierend?	Was denken, fühlen und wollen die anderen?
Haben wir das nicht bereits versucht?	Welche Schritte sind sinnvoll?
Wozu das alles?	Was ist möglich?

* Jeder von uns stellt sich selbst und anderen Fragen aus beiden Spalten. Wenn wir aufmerksam genug sind, können wir in jedem Moment entscheiden, welche Fragen in unserem Denken, beim Zuhören, beim Sprechen und in unserem Umgang mit anderen eine Rolle spielen.

Ich horchte in mich hinein, wie er mir geraten hatte. Die Veränderungen waren zunächst kaum wahrnehmbar, aber es schien so, als lösten sich die negativen Emotionen allmählich auf. »Ja, das gefällt mir«, sagte ich nickend.

»Das ist nur ein Vorgeschmack der Kraft des Selbstcoachings, eine Ahnung, wie das Beobachter-Selbst diesen Prozess unterstützt«, erklärte mir Joseph. »Später werden wir uns mit weiteren Instrumenten befassen, die das Beobachter-Selbst fördern. Sie werden damit Fragen erkennen, die Sie blockieren, und neue Fragen entwickeln, die Sie sofort in den Lernbereich befördern. Ein Freund von mir hat das mit einem schlauen Spruch zum Ausdruck gebracht: ›Entweder hast du deine Fragen, oder deine Fragen haben dich.‹«

**Entweder hast du deine Fragen,
oder deine Fragen haben dich.**

Joseph schritt entspannt im Raum auf und ab und rieb sich dabei das Kinn, als denke er über etwas nach. Schließlich blieb er stehen und sah mich erneut an. »Sollen wir uns den Lernpfad ansehen?«, fragte er und fügte sofort hinzu: »Hören Sie sich die Fragen wieder aufmerksam an, als würden Sie diese an sich selbst richten:

- *Was ist passiert?*
- *Was will ich?*
- *Was ist von Nutzen?*
- *Was kann ich lernen?*
- *Was denken, fühlen und wollen die anderen?*
- *Was sind meine Optionen?*

– Wie gehe ich jetzt am besten vor?
– Was ist möglich?«

Im Gegensatz zu den Kritikerfragen war ich bei dieser Fragenreihe innerlich ruhig und gleichzeitig aufmerksam. Meine Atmung wurde leichter. Ich bekam bessere Laune. Ich verspürte plötzlich mehr Energie. Ich empfand eine innere Bereitschaft und Offenheit, die ich bei der ersten Reihe von Fragen keineswegs gespürt hatte. Meine Schultern entspannten sich. Ich hatte mich schon eine ganze Weile nicht mehr so gut gefühlt!

»Mit welchen Worten würden Sie Ihre Empfindungen nun beschreiben?«, fragte mich Joseph.

Ich atmete mühelos einmal tief durch. »Ich fühle mich offen. Leichter. Positiv gestimmt. Neugierig. Energievoll. Optimistisch.« Ich lachte in mich hinein. »Ich habe bei Weitem mehr Hoffnung als heute Morgen … vielleicht gibt es doch Lösungen für meine Probleme.«

»Gut«, sagte Joseph. »Diese Gefühle signalisieren, dass Sie in den Lernmodus übergegangen sind.«

Ich stieß einen Seufzer der Erleichterung aus. Obwohl ich noch nicht von allem überzeugt war, was Joseph mir erzählte, hatte sein Coaching vielleicht doch etwas für sich. Zum ersten Mal seit langer Zeit schöpfte ich wieder etwas Hoffnung. War dieser Typ möglicherweise tatsächlich so gut wie Alexa meinte? Trotz des großen Fragezeichens auf seiner Visitenkarte kannte er vielleicht wirklich Instrumente, die mir weiterhelfen konnten … so seltsam mir das auch vorkommen mochte.

Kapitel 4

Wir sind alle Kritiker

Es ist ein entscheidender Unterschied, ob man in seinem Gefühl befangen ist oder ob man erkennt, dass man von ihm fortgerissen wird. Sokrates' Ermahnung »Erkenne dich selbst« spricht diesen Grundpfeiler der emotionalen Intelligenz an, sich der eigenen Gefühle in dem Augenblick, da sie auftreten, bewusst zu werden.

Daniel Goleman

Wir machten eine kurze Pause, in der Joseph uns einen frischen Kaffee aus der Teeküche neben seinem Büro holte. Während er fort war, checkte ich die Nachrichten auf meinem Handy. Grace hatte mir eine Voicemail hinterlassen. Es ging um ihre junge Assistentin, Jennifer, die wieder einmal etwas verbockt hatte. »Ich muss einfach Dampf ablassen«, sagte Grace. »Ich bin kurz davor, sie zu feuern. Kannst du mich bitte sofort zurückrufen?« Ich schaltete mein Handy aus. *Warum behelligte Grace mich bei der Arbeit damit? Konnte sie nicht allein mit Jennifer fertigwerden? Dachte sie, ich bräuchte ihre Probleme zusätzlich zu meinen eigenen?* Mein Kiefer und meine Schultern verspannten sich.

In diesem Moment kehrte Joseph mit einem Tablett zurück, auf dem zwei volle Kaffeetassen sowie ein Kännchen Sahne und eine Zuckerdose standen. Ich nahm eine Tasse und etwas Sahne und war froh darüber, dass ich mich darauf konzentrieren konnte, den Inhalt meiner Tasse mit dem Löffel umzurühren. Ich musste mich zunächst wieder beruhigen, um mitzubekommen, was Joseph mir erzählte. Er fuhr mit der Geschichte über den Betriebsleiter fort.

»Unmittelbar nachdem ich an diesem Tag erkannt hatte, dass ich vom Kritiker überfallen worden war, hatten mein Klient und ich einen Durchbruch.«

»Einen Moment, bitte«, schaltete ich mich ein. »Sie haben diesen Begriff vorhin bereits verwendet – *vom Kritiker überfallen*. Was ist ein Kritikerüberfall?«

»Dazu kommt es, wenn etwas automatisch eine bestimmte Reaktion bei Ihnen auslöst und Sie aus der Ruhe bringt«, antwortete Joseph. »Obwohl Sie die besten Absichten haben, sind Sie plötzlich angespannt, schalten auf den Kritikermodus um und hören daraufhin nicht mehr aufmerksam zu. Sie gehen immer stärker in die Defensive oder würden am liebsten schreiend aus dem Zimmer laufen.«

»Das Gefühl kenne ich nur zu gut. Aber ist das nicht ziemlich normal?«

»Normal ist es schon«, sagte Joseph. »Aber ob normal oder nicht, wenn wir etwas erreichen wollen, brauchen wir ein Instrument, um auf den Lernmodus umzuschalten. Sobald wir umgeschaltet haben, verändert und erweitert sich unsere Perspektive. Auf diese Weise erholen wir uns von einem Kritikerüberfall.«

»Das ist alles schön und gut«, erwiderte ich. »Aber sind Sie je zu dem Betriebsleiter durchgedrungen? Hat er es je *begriffen*?« Kaum hatte ich diese Frage gestellt, wurde mir klar, dass ich mich selbst genau dasselbe fragte: *Begriff ich es?* Irgendetwas an der Geschichte über diesen Betriebsleiter löste ein Gefühl der Beklommenheit bei mir aus. Aber woran lag das?

»Na klar. Er hat es schließlich verstanden«, antwortete Joseph. »Am Ende unserer Sitzungen machte er eine interessante Bemerkung. Eine ›Agenda im Kritikermodus‹, wie er es nannte, kann zu immensen Kosten führen. Die Zukunft ist dann lediglich eine wiederaufbereitete Version der Vergangenheit. Mit einer Agenda im Lernmodus kann man dagegen ordentlich powern. Es kommt etwas in Bewegung und alles flutscht. Man kann tatsächlich eine neue Zukunft für sich selbst erschaffen.«

Der Kritikermodus kann zu immensen Kosten führen. Die Zukunft ist dann lediglich eine wiederaufbereitete Version der Vergangenheit. Mit dem Lernmodus ist man dagegen voller Energie. Es kommt etwas in Bewegung und alles flutscht. Man kann tatsächlich eine neue Zukunft für sich selbst erschaffen.

Plötzlich wusste ich, was mich beunruhigte. Die Geschichte über den Betriebsleiter hätte von *mir* handeln können.

»Es klingt so, als wäre jede Art von Bewertung etwas Negatives«, unterbrach ich ihn. »Aber da bin ich anderer Meinung. Ich könnte meine Arbeit nicht machen, ohne Dinge zu beurteilen … und ich bin sehr stolz auf mein gutes Urteilsvermögen. Bei technologischen Entscheidungen muss man Dinge beurteilen, ebenso wenn man sich für einen Lieferanten entscheidet oder wenn man den besten Kandidaten für eine bestimmte Arbeit auswählt.«

»Natürlich«, pflichtete Joseph mir bei. »Sie sprechen einen wichtigen Punkt an. Beim Urteilsvermögen geht es darum, gute Entscheidungen zu treffen. Ein gutes Urteilsvermögen und Scharfsinnigkeit sind in einem Job wie Ihrem essenziell. Daher spreche ich nicht von einer Bewertung in diesem Wortsinn. Gemeint ist, dass man *voreingenommen* ist, zum Beispiel wenn man ständig nach Fehlern sucht, sich auf das Negative konzentriert oder überkritisch ist. Der Kritikermodus und das Urteilsvermögen sind zwei grundverschiedene Dinge.

Der Kritikermodus ist sogar ein Feind des guten Urteilsvermögens. Wenn wir voreingenommen auf jemanden oder etwas reagieren, schaltet unser Gehirn auf Alarm. Die großen Muskeln unseres Körpers bereiten sich auf Kampf oder Flucht vor. Manchmal sind wir dann vollkommen blockiert und gelähmt. Unser Gehirn schaltet einfach ab, und es ist schwierig, überhaupt etwas zu denken. Es ist die typische Kampfoder-Flucht-Reaktion, bei der unsere gesamte Energie darauf gerichtet wird, wegzurennen, uns effektiv zur Wehr zu setzen ... oder zu resignieren beziehungsweise uns geschlagen zu geben. Das sind alles Reaktionsvarianten unseres Überlebensmodus. Unser Urteilsvermögen sinnvoll einzusetzen ist das Gegenteil von alldem.

**Der Kritikermodus ist ein Feind
des guten Urteilsvermögens.**

»Das heißt, im Kritikermodus hat man stets eine überkritische oder voreingenommene Haltung«, schlussfolgerte ich.

»So ist es«, antwortete Joseph und nahm einen Schluck Kaffee. »Zudem hat der Kritikermodus zwei Gesichter – wir sind entweder überkritisch gegenüber *uns selbst* oder gegenüber *anderen Menschen*.«

Ich versuchte all das zu verarbeiten. Inwiefern traf es auf mich zu? Ich war definitiv voreingenommen gewesen, als ich Graces Nachricht abgehört hatte. Ich war sofort in den Kritikermodus übergegangen. Aber die Tatsache, dass Grace mich in der Arbeit anrief, um sich über Jennifer zu beklagen, basierte auch nicht gerade auf einer gelungenen Bewertung der Situation. War ich hier überkritisch?

Joseph ließ sich wieder auf seinem Stuhl nieder. »Was geht Ihnen gerade durch den Kopf?«, fragte er mich.

»Ich kann nicht leugnen, dass ich in der letzten Zeit häufig im Kritikermodus war«, begann ich zögernd. »Aber wie vermeidet man diesen Modus, wenn man mit einem Menschen wie Charles zu tun hat? Er ist die Hauptursache für die Probleme in unserem Team und für die miserablen Ergebnisse. Er raubt mir den letzten Nerv.« Ich presste meine Lippen fest zusammen und wollte nichts mehr sagen. Ich wollte niemand sein, der so häufig im Kritikermodus war. Allmählich ging mir dieses ganze Kritikerzeug auf den Geist. Wie sollte man außerdem auf dem Lernpfad bleiben, wenn sich überall um einen herum die Probleme häuften?

Joseph musste meine Gedanken erraten haben, denn als Nächstes sagte er: »Es ist nur menschlich, in den Kritikermodus zu verfallen, besonders wenn die Dinge nicht gut laufen. Das sollten Sie sich bewusst machen. In dieser Hinsicht sind wir alle Kritiker mit Therapiebedarf. Denn zweifellos kann unsere Kritikernatur ein gewisses Suchtpotenzial haben. Und je mehr wir ihr nachgeben, desto mehr wird sie uns zur Gewohnheit und übernimmt die Kontrolle. Wir können den Kritikermodus zwar nie ganz loswerden, das ist richtig, aber wir können durchaus lernen, gut mit ihm zu leben. Sobald uns das gelingt, ist es uns möglich, ganz anders zu sein. Achtsamkeit, Engagement, Mitgefühl, Mut, die Fähigkeit zu verzeihen und andere Menschen anzunehmen – zusammen mit einer Prise Humor –, all das brauchen wir, um uns vom Kritikermodus zu erholen und erneut den Lernpfad anzusteuern.

Letztlich geht es darum, den inneren Kritiker zu akzeptieren und bewusst den Lernmodus immer wieder aufs Neue zu praktizieren. Wir versuchen mit unserem Prozess nicht, den Lernpfad zu erreichen und für immer dort zu bleiben. Das ist ein Wunschtraum. Unsere wahre persönliche Stärke hängt vielmehr davon ab, wie gut es uns gelingt, uns vom Kritikermodus wieder zu lösen, wenn er die Kontrolle übernommen hat. Deshalb hat mich die Situation mit dem Betriebsleiter so aufgebaut. Natürlich hat der innere Kritiker sich meiner bemächtigt, aber sobald ich das erkannt hatte, konnte ich mich von ihm befreien und wieder zum Lernpfad zurückkehren. Manchmal macht es mir sogar Spaß zu erkennen, wie rasch ich vom inneren Kritiker eingefangen werde und wie rasch ich mich wieder aus seiner Umklammerung löse. Ganz ehrlich«, Joseph schmunzelte, »manchmal verfalle ich mehrmals pro Stunde in den Kritikermodus! In Ihrem Arbeitsbuch finden Sie übrigens ein Tool mit der Bezeichnung ›Sich mit dem inneren Kritiker anfreunden‹.«

Akzeptieren Sie den inneren Kritiker und praktizieren Sie den Lernmodus – immer wieder aufs Neue.

Die Vorstellung, für immer mit dem inneren Kritiker zu tun zu haben, behagte mir nicht gerade. Andererseits bedeutete das zumindest, dass ich diesbezüglich keine schlechteren Karten hatte als andere.

Joseph machte eine kurze Pause. Dann forderte er mich auf: »Erzählen Sie mir mehr über Charles.«

»Er ist der stellvertretende Leiter des Projektteams, das ich führe«, sagte ich und hoffte, dass meine Verbitterung nicht allzu offensichtlich war. »Dieser Kerl hinterfragt alles, was ich sage. Er hat allerdings tatsächlich einen guten Grund, mir an den Karren zu fahren, das muss ich zugeben. Er wurde bei der Position, die ich bekommen habe, übergangen und regt sich sehr darüber auf. Das würde ich an seiner Stelle auch tun! Er ist ein absolut pedantischer, pingeliger Besserwisser. Im Grunde will er mich sabotieren. Und es sieht ganz danach aus, als würde ihm das gelingen.«

»Welche Frage kommt Ihnen als Erstes in den Sinn, wenn Sie an Charles denken?«

Ich lachte leise. »Das ist leicht! *Wie kann ich diesen Kerl an die Leine legen, bevor er mich zerstört?*«

»Fallen Ihnen noch weitere Fragen ein?«

»Ja, viele! *Wie kann ich die Kontrolle behalten? Sollte ich nicht derjenige sein, der das Team leitet? Wie kann ich diesen Kerl dazu bringen, sich einzugliedern?*«

»Und welche noch?«

»*Wie bin ich nur in diesen Schlamassel geraten? Wie konnte ich nur annehmen, dass ich mit einer Führungsposition klarkommen würde?*« Ich machte eine kurze Pause. Dann sagte ich überzeugt: »Letztlich muss Charles sich genauso verändern, wie ich es Ihrer Meinung nach tun müsste, verstehen Sie?«

»Was Sie über Charles sagen, mag schon stimmen«, sagte Joseph. »Aber *Sie* sind jetzt in meinem Büro. Eine Veränderung beginnt bei dem Menschen, der die Veränderung will, nicht wahr?«

Das nahm mir mit einem Schlag den Wind aus den Segeln. Ich lehnte mich auf meinem Stuhl zurück und atmete tief durch. »Was soll ich tun? Soll ich die Tatsache ignorieren, dass er mir bei jeder Gelegenheit in den Rücken fällt?« Ich war wutentbrannt. »Es ist unmöglich, meine Reaktionen von dem zu trennen, was Charles tut!«

**Eine Veränderung beginnt bei dem Menschen,
der die Veränderung will.**

»Tja, aber genau das ist das Schöne daran«, sagte Joseph. »Sie *können* Ihre Reaktionen von seinem Verhalten trennen – und von dem aller anderen. Solange Sie das nicht tun, geben Sie anderen die Macht. Sie sind wie eine Marionette, ohne eigene Kontrolle. Jeder, einschließlich Charles, ist in der Lage, die Fäden zu ziehen und Ihren inneren Kritiker auf den Plan zu rufen. Die Frage ist, ob Sie Ihren inneren Kritiker kontrollieren oder ob er Sie kontrolliert.«

**Entweder Sie kontrollieren Ihren inneren
Kritiker oder er kontrolliert Sie.**

»Ich kann Ihnen weder zustimmen noch widersprechen«, sagte ich, aber insgeheim kochte ich. »Ich glaube nicht, dass ich die Situation mit Charles eventuell anders betrachten könnte.«

»Ist das eine Frage?«, hakte Joseph nach.

»Wie meinen Sie das?«

»Können Sie diese Aussage als Frage formulieren?«

»Sie meinen nach dem Motto: *Wie kann ich anders darüber*

denken?« Zu meiner Überraschung spürte ich augenblicklich eine leise Veränderung in meinem Inneren, als ich mir diese Frage stellte. Zum einen atmete ich aus, denn ich hatte unbewusst den Atem angehalten, und zum anderen entspannten sich meine Schultern offenbar so, dass Joseph es bemerkte.

»Genau. Ist es Ihnen aufgefallen? Sie haben gerade auf den Lernmodus umgeschaltet. So schnell. Und hier ist meine Antwort: Egal was Charles oder sonst jemand auch tun mag, Sie können die Choice Map sowie die Botschaften Ihres Körpers nutzen, um den Kritikermodus zu erkennen. Diese Signale werden Sie daran erinnern, einen Schritt zurückzutreten und sich anzusehen, wo Sie stehen. Sie werden Ihr Beobachter-Selbst stärken und daher in der Lage sein, einen Moment lang Ihren eigenen Film zu sehen. So können Sie zwischen dem unterscheiden, was Charles tut, und dem, *wie Sie damit umgehen wollen.*«

Ich versuchte, Josephs Lektion zu verarbeiten. Es war nicht leicht. Kritikerfragen schossen mir nach wie vor durch den Kopf. Offenbar hatte der innere Kritiker mich, was Charles betraf, in seiner Gewalt. Traf das auch auf meine Ehe zu?

»Lassen Sie uns kurz zu der Person zurückkehren, die an der Weggabelung steht«, schlug Joseph vor und tippte mit dem Finger auf den Startpfeil der Choice Map. »Diese Figur steht für jeden von uns, der sich mit etwas auseinandersetzen muss. Wir sind ratlos. Doch wir haben die Wahl, wie wir reagieren, egal in welcher Situation wir uns auch befinden mögen. Wissen Sie, um welche Wahlmöglichkeiten es sich handelt?«

»Wir können automatisch reagieren und unmittelbar in den Kritikermodus übergehen«, antwortete ich und tastete mich weiter vor. »Oder wir halten inne, nehmen unsere Stimmung und unsere körperlichen Empfindungen wahr und achten darauf, welche Selbst-Qs wir uns stellen. Dann können wir versuchen, auf den Lernmodus umzuschalten. Die Entscheidung liegt bei uns ... wir haben die Wahl.«

Ein Feuerwerk entzündete sich plötzlich in meinem Kopf. *Ich habe tatsächlich eine Wahl! Und ich kann mich für den Lernmodus entscheiden, wenn ich es will.* Vielleicht konnten Josephs Instrumente meine Ergebnisse in der Arbeit tatsächlich verändern.

»Vielleicht«, sagte ich vorsichtig, »ist es doch nicht so schwer, wie ich dachte, zwischen dem Kritiker- und dem Lernmodus zu unterscheiden.«

Joseph klatschte Beifall. »Ja, ja, das ist großartig. Sobald Sie Ihre eigenen Gedanken und Gefühle beobachten und den Unterschied zwischen Lern- und Kritikermodus erkennen, erreichen Sie den Bereich des Selbstcoachings. Und dort geben Sie die Entscheidungsgewalt nicht mehr aus der Hand.« Joseph schien überaus begeistert von dieser Vorstellung zu sein. »Sie haben eine rasche Auffassungsgabe«, rief er aus. »Ich erkenne eine weitere Qualität, die Alexa so an Ihnen schätzt.« Er warf einen Blick auf seine Armbanduhr. »Wir haben uns lange unterhalten. Lassen Sie uns für heute an diesem Punkt Schluss machen.«

Joseph öffnete eine Schublade seines Schreibtisches und nahm einige Farbkopien der Choice Map heraus.

»Nehmen Sie die mit«, sagte er und reichte sie mir. »Befassen Sie sich mit der Choice Map, wenn Sie in Ihrem Büro sind. Und befestigen Sie ein Exemplar zu Hause an Ihrem Kühlschrank.«

Ich stöhnte innerlich. Was um alles in der Welt würde Grace zu all dem sagen! Bestimmt wollte sie wissen, was das bedeutete, woher ich diese Choice Map hatte und warum sie am Kühlschrank hing.

»Diese Karte veranschaulicht die grundlegenden Unterschiede zwischen dem Lern- und dem Kritikerpfad«, erklärte

Joseph, als wir auf dem Flur entlanggingen. »Letztlich ist die Botschaft ziemlich einfach. Verändere deine Fragen, dann veränderst du deine *Ergebnisse*. Das gehört für jeden Kritiker mit Therapiebedarf zum grundlegenden Know-how des Selbstmanagements.« Lächelnd fügte er hinzu: »Und das sind wir *alle*, Ben. Wir alle sind Kritiker in Therapie.«

Verändere deine Fragen, dann veränderst du deine Ergebnisse.

An der Eingangstür blieb Joseph stehen und wandte sich mir zu. An der Wand mit der »Ruhmeshalle des Question Thinking« hinter ihm entdeckte ich ein Foto von Alexa. Offenbar stammte es aus einer bekannten Zeitschrift, die aufgrund irgendeiner Auszeichnung einen Artikel über sie veröffentlicht hatte. Es war mir peinlich, dass ich nichts von dem Artikel oder ihrer Auszeichnung gewusst hatte. Ich kannte Alexa bereits so lange und hätte es daher eigentlich wissen müssen.

»Bis zum nächsten Mal«, sagte Joseph und schüttelte mir herzlich die Hand.

Mir schwirrte der Kopf. Mein gesamtes Leben war auf den Kopf gestellt. Aber paradoxerweise fühlte ich mich zum ersten Mal seit einer Ewigkeit leichter und optimistischer. In einer Hinsicht hatte Alexa absolut recht – dieser Joseph hatte einen provozierenden Ansatz, um im Leben etwas zu verändern. Ich konnte mir allmählich vorstellen, durch die Zusammenarbeit mit ihm einige Antworten zu finden – oder vielleicht neue Fragen –, die meine berufliche Karriere wieder in die richtige Bahn lenken würden.

Kapitel 5

Küchengespräch

Die große Frage ist, ob du zu deinem Abenteuer
wirklich und von Herzen »JA« sagst.

Joseph Campbell

Es war früh am Morgen, als Grace die Choice Map entdeckte,
die ich am Abend zuvor am Kühlschrank befestigt hatte. Wie
gewöhnlich nahm ich beim Aufwachen den Duft von frischem
Kaffee wahr und ging zur Küche hinunter. Grace ist immer vor
mir auf. Sie gehört zu den Menschen, die dem neuen Tag fröhlich und voller Erwartungsfreude entgegensehen. Ich bin genau das Gegenteil davon – was Grace manchmal sehr zusetzt.
Sie behauptet, ich sei morgens wie ein Bär, der gerade aus dem
Winterschlaf kommt. Ich glaube zwar nicht, dass es tatsächlich
so schlimm ist, aber ich starte nicht gerade mit sprühender
Energie in den Tag.

Als ich in die Küche kam, stand Grace mit dem Rücken zu
mir vor dem Kühlschrank. Sie schien in die Choice Map vertieft zu sein. Ich überlegte, was sie wohl dazu sagen würde.
Wahrscheinlich würde sie versuchen, mich auszuquetschen,
und dann würde ich ihr alles erzählen müssen – von meinen
Problemen in der Arbeit und dem ganzen Rest. Das würde zu
dem Punkt führen, woher ich die Choice Map hatte und
warum sie am Kühlschrank hing. Dann würde ich ihr wahr-

Küchengespräch   67

scheinlich erklären müssen, warum Alexa mich an Joseph verwiesen hatte, und das konnte sich zu einem emotionalen Minenfeld entwickeln.

Während ich noch darüber nachdachte, wie ich darum herumkommen konnte, ihr die ganze Geschichte zu erzählen, drehte sie sich plötzlich um und umarmte mich herzlich. »Woher hast du das?«, fragte sie. »Das ist fantastisch!« Sie löste die Choice Map von der Kühlschranktür und schwenkte sie hin und her. Ich murmelte, es sei ein Handzettel für eine spezielle Fortbildung in der Arbeit und schenkte Grace und mir dann eine Tasse Kaffee ein.

»Ich bin begeistert«, sagte sie. »Ich habe dadurch schon etwas gelernt. Erinnerst du dich an die Nachricht über meine Assistentin Jennifer, die ich dir hinterlassen habe? Ich glaube, ich habe ihr in der letzten Zeit ganz schön viel abverlangt. Jedes Mal zuckt sie etwas zusammen, wenn ich in ihre Nähe komme. Die Choice Map hat mir bewusst gemacht, dass ich ihr gegenüber im Kritikermodus war, wie es hier heißt, und bestimmt hat sie das verunsichert. Sie hat ziemlich viel verbockt, aber aufgrund dieser Karte frage ich mich, ob ich zu dem Problem beigetragen habe. Schließlich kann niemand Bestleistungen erbringen, wenn der Chef die schlimmsten Erwartungen hat.«

»Es geht um die Art der Fragen, die man stellt«, entfuhr es mir. Die Worte kamen einfach so aus meinem Mund, bevor ich noch darüber nachdenken konnte.

»Was für Fragen?«, hakte Grace nach. »Ich komme mit der armen Jennifer nie bis zu diesem Punkt.«

»Joseph zufolge, von dem ich die Choice Map bekommen habe …«

»Moment mal«, unterbrach mich Grace. »Wer ist Joseph?«

Ich starrte sie einen Moment lang ausdruckslos an und

überlegte, ob ich ihr die Wahrheit sagen sollte. Ich beschloss, nichts zu verkomplizieren. »Er ist der Berater, den Alexa engagiert hat«, erklärte ich ihr. Ich war entschlossen, nicht mehr ins Detail zu gehen, als absolut nötig. Am Tag zuvor, unmittelbar nach meinem Treffen mit Joseph, hatte ich mich eine Stunde lang mit der Choice Map beschäftigt und Antworten auf alle möglichen Fragen vorbereitet, die Grace mir vielleicht stellen würde. »Er behauptet, wir seien uns der Fragen, die wir uns selbst oder anderen Menschen stellen, meistens nicht bewusst. Die Choice Map lehrt uns das. Sie erinnert uns daran, diese Fragen aufmerksam zu betrachten, da sie sich darauf auswirken, wie wir denken, wie wir uns fühlen und verhalten und sogar darauf, wie andere Menschen auf uns reagieren.«

Grace blickte verwirrt drein. Ich stellte mich dicht hinter sie und deutete auf die kleine Figur an der Weggabelung. »Genau hier befindet sich der Schlüssel«, erklärte ich und zeigte mit dem Finger auf die Begriffe *Gedanken, Gefühle, äußere Umstände* über dem Kopf der Figur. »Sobald irgendetwas geschieht, beginnen wir uns Fragen zu stellen. Je eher wir uns bewusst machen, was wir fragen, desto besser. Auf diese Weise haben wir mehr Optionen.« *War tatsächlich ich es, der hier sprach?* Ich war überrascht, wie gut ich mich an Josephs Erläuterungen erinnerte. Je mehr wir darüber redeten, desto entspannter ging ich mit der gesamten QT-Thematik um.

»Ich sehe im Wesentlichen diese beiden Wege«, sagte Grace und fuhr nacheinander mit dem Finger auf beiden Pfaden entlang. »Wenn man den Lernpfad wählt, kommt man problemlos vorwärts. Der Lernende sagt: ›Was will ich? Was sind meine Optionen?‹ Und diese andere Person fragt: ›Was kann ich lernen?‹ Ja, du hast recht, das sind alles Fragen. Der Mensch auf dem Kritikerpfad verfängt sich dagegen in Fragen wie: ›Wessen Schuld ist es? Was ist nur mit den anderen los?‹ Ich sage dir, Ben, jedes Mal, wenn ich im Büro nur eine Stecknadel fallen oder jemanden seufzen höre, geht mir sofort die Frage durch den Kopf: *Oh je, was ist jetzt wieder passiert? Was kann Jennifer denn noch vermasseln?* Und dann nehme ich sie sofort in die Mangel. Weißt du, was sie gestern gemacht hat, Ben? Sie … oh, stopp. Das führt mich sofort in den Kritikerbereich, nicht wahr?«

»In jedem Moment«, erklärte ich, »geschehen irgendwelche Dinge. Gute Dinge und schlechte Dinge. Sie treffen uns unversehens. Wenn wir für gewöhnlich im Kritikermodus agieren, folgen unsere Fragen ebendiesem Muster. Wenn wir eher im Lernmodus sind, stellen wir Fragen, die in diese Richtung gehen.«

»Die Tat folgt auf den Gedanken«, fügte Grace hinzu. »Das ist ein Grundprinzip. Aber ich habe es nie auf Fragen übertragen. *Die Tat folgt auf Fragen.* Offenbar besteht der Trick darin, einfach im Lernmodus zu bleiben.«

»Joseph zufolge bleibt niemand stets im Lernmodus«, erklärte ich Grace. »Es ist normal, immer wieder in den Kritikermodus zu verfallen. Tatsächlich wechseln wir ständig zwischen den beiden Pfaden hin und her. Es ist einfach menschlich.« Als ich das sagte, dachte ich an unseren Streit am Flughafen. Es war mir immer noch peinlich, wie ich mich Grace gegenüber verhalten hatte. Ich war nicht bereit, all das jetzt mit ihr zu besprechen, aber zumindest hatte ich den Mut, einen Teil davon anzusprechen.

»Es ist so leicht, in den Kritikermodus zu verfallen«, sagte ich und achtete sorgsam auf meine Wortwahl. »Als ich vorgestern zum Beispiel in den Verkehr einscheren wollte, wurde ich fast von einem Taxi gerammt, dass ungefähr doppelt so schnell fuhr, als erlaubt war. Ich war sofort im Kritikermodus. Es geschah blitzartig, verstehst du? In einer Sekunde war ich bereit, dem Kerl eine reinzuhauen.«

»Manchmal mache ich mir deinetwegen wirklich Sorgen«, sagte Grace kopfschüttelnd.

Sofort verspannten sich meine Schultern, und ich spürte, dass ich in die Defensive ging. Ich wusste, dass mein Fahrstil ihr nicht behagte, obwohl ich noch nie einen Unfall gehabt hatte. Wir hatten uns schon öfter über dieses Thema gestritten, aber dieses Mal hielt etwas in mir mich davon ab und sagte zu mir: *Geh nicht dorthin, Kumpel.* Ich atmete tief durch, zuckte mit den Achseln und versuchte, locker zu bleiben.

»Es ist nur ein Beispiel. Nun weiß ich dank Josephs Choice Map, dass dieser Fast-Zusammenstoß mich sofort in den Kritikermodus katapultiert hat. Ich behaupte nicht, dass ich gut reagiert habe. Im Gegenteil. Das war gewiss nicht der Fall, denn ich war noch lange danach extrem wütend. Ich erlebte einen sogenannten Kritikerüberfall, wie Joseph es nennt.«

Ich wollte Grace gern die ganze Geschichte erzählen. Ihr sagen, wie sehr ich alles, was ich in der letzten Zeit erlebt hatte, in einen Topf geworfen hatte. Wie sehr ich darüber nachgegrübelt hatte, ob ich kündigen sollte oder nicht. Wie irritiert ich darüber gewesen war, dass ich mich mit Joseph treffen sollte. Wie sehr es mich verletzte und beunruhigte, dass meine gesamte Karriere den Bach runterging. Wie sehr ich mich über Grace ärgerte, weil sie mir zu allem auch noch Druck wegen unserer Beziehung machte. Mein Leben hatte sich zu einem einzigen großen … nun ja, zu einem großen Kritikersumpf entwickelt, und ich versank in diesem Sumpf.

Ich verspannte mich komplett, da mir bewusst wurde, dass ich für Joseph ein ebenso schwieriger Fall war wie der Betriebsleiter, von dem er mir erzählt hatte. Als ich mich zum ersten Mal in sein Büro geschleppt hatte, war ich felsenfest

davon überzeugt gewesen, dass das Treffen mit ihm reine Zeit-
verschwendung sein würde. Angesichts meiner Laune war es
ein Wunder, dass überhaupt etwas von dem, was er mir sagte,
zu mir durchdrang. Jetzt erzählte ich Grace von Josephs Ideen,
so als wüsste ich tatsächlich, worum es ging!

»Ich glaube, diese Karte ist eine gute Erinnerung daran, was
passiert, wenn ich in einer meiner Kritikerphasen festhänge«,
sagte Grace. Sie wandte sich kurz ab und setzte sich an den
Frühstückstisch. Während sie ihren Kaffee in kleinen Schlück-
chen trank und an ihrem Toast knabberte, betrachtete sie die
Karte. Ich blieb an die Küchentheke gelehnt stehen und beob-
achtete sie. Nach einer kurzen Weile blickte Grace etwas ver-
legen auf.

»Vielleicht könnte uns dies helfen ... in unserer Beziehung«,
sagte sie. »Was meinst du?« In ihrer Stimme war nicht der lei-
seste Vorwurf oder eine Spur von Kritik zu vernehmen. Dafür
war ich ihr sehr dankbar.

»Joseph sagt, das Leben sei voller Momente, in denen uns
plötzlich etwas widerfährt. Und dann geraten wir auf den
einen oder den anderen Pfad ...«

»Aber was hältst *du* davon«, hakte Grace nach, »ich meine,
davon, ob *uns* das helfen kann – dir und mir?«

Dieses Mal meinte ich eine gewisse Gereiztheit in ihrer
Stimme herauszuhören. Sie wollte wirklich, dass ich ihr genau
mitteilte, was ich dachte. »Wie gesagt«, antwortete ich. »Ich
glaube, das Prinzip lässt sich auf jeden Lebensbereich übertragen. Wir alle können bessere Instrumente gebrauchen.«

»Was soll das heißen, bessere Instrumente?«, fragte sie spürbar verwirrt.

Ich versuchte, ihrem Blick auszuweichen. Bisher war unser
Gespräch so gut gelaufen. Ich wollte nicht, dass es kippte. Ich
fragte mich bereits: *Welche dumme Bemerkung von mir hat*

wieder alles vermasselt? Und warum hat sie unsere Beziehung überhaupt ins Spiel gebracht? Das nenne ich schlechtes Timing! Und dann ertappte ich mich. Diese einfachen Fragen schoben mich unmittelbar auf den Kritikerpfad. Doch dieses Mal sah ich es kommen. Ich stellte mir Joseph vor, der als Coach am Wegrand stand und mir zurief: *Lernmodus! Lernmodus! Erinnern Sie sich an die Choice Map! Verändern Sie Ihre Fragen! Sie können der Situation eine andere Wendung geben!* Fast augenblicklich kam mir eine neue Frage in den Sinn: *Wie kann ich für eine positive Stimmung zwischen Grace und mir sorgen?*

»Entschuldige bitte«, sagte Grace in diesem Moment. »Mir ist gerade bewusst geworden, dass ich dir gegenüber im Kritikermodus war.«

Einen Augenblick lang war ich verwirrt, aber dann fühlte ich mich erleichtert, da mir klar wurde, was passiert war. Grace hatte sich auf den Kritikerpfad begeben. Wir beide hatten das. Aber dann hatte sie sich selbst gestoppt, und auch ich hatte innegehalten. *Beeindruckend!* Ich musste unwillkürlich lächeln.

»Was amüsiert dich?«, fragte Grace. Sie stand vom Tisch auf, brachte ihr Geschirr zur Spüle und wandte sich dann wieder mir zu.

»Liebling, du bist wunderbar!«, sagte ich. Dann nahm ich sie in meine Arme und drückte sie an mich. Sie verspannte sich kurz, gab dann aber sofort nach und erwiderte meine Umarmung.

»Erinnerst du dich an den Abend, als wir zum Essen im Metropol verabredet waren und ich mich verspätet hatte?«, fragte ich sie. Sie hatte den Kopf an meine Schulter gelegt, aber ich spürte, wie sie nickte.

»Wir haben uns ganz schön darüber gestritten, wer von uns sich in der Zeit geirrt hatte, nicht wahr? Dann hast du etwas

Bemerkenswertes getan. Du hast den ganzen Streit einfach ad acta gelegt, und alles hat sich verändert. Wir waren uns wieder gut. Erinnerst du dich daran?«

»Hm, ja, natürlich tue ich das!« Sie lachte leise und gab mir einen Kuss auf die Wange.

Angesichts der Erinnerung an diesen Abend fiel es mir schwer, ernst zu bleiben, aber ich wollte ihr etwas Bestimmtes vermitteln. »Joseph zufolge geht es darum, vom Kritikermodus in den Lernmodus umzuschalten. Er sagt, es sei mit einer einzigen Frage möglich.«

»Zum Beispiel, wenn ich mich selbst frage: *Will ich diese Auseinandersetzung gewinnen?* Oder: *Will ich eine schöne Zeit haben?*« Grace löste sich aus unserer Umarmung, ließ ihre Hände aber auf meinen Schultern liegen.

»Mit solchen Mitteln schaffst du es also, mich zu verzaubern?«, fragte ich.

»Teilweise«, antwortete sie und schmiegte sich wieder an mich. »Aber ich habe nie darüber nachgedacht, ob Fragen dabei eine Rolle spielen.«

»Ich meine es ganz ernst«, sagte ich, denn ich wollte sichergehen, dass meine Botschaft bei ihr ankam. »Mir ist gerade klar geworden, dass du eine natürliche Begabung für die Dinge hast, die Joseph lehrt. Ich wette, du veränderst deine Fragen, selbst wenn es dir selbst nicht bewusst ist. Du schaltest unmittelbar auf den Lernmodus um. So veränderst du deine Stimmung!«

»Ich mag diese Umschaltprozesse!«

»Ich auch«, sagte ich und drückte sie an mich. Ich wollte genauer wissen, wie es ihr gelang umzuschalten. »Wie hast du das gelernt?«

Bevor sie antworten konnte, meldete sich jedoch ihr Mobiltelefon mit einem ganz bestimmten Klingelton. Grace nutzte stets die Weckfunktion als Erinnerung, um rechtzeitig zur Arbeit aufzubrechen.

»Oh nein!«, seufzte sie plötzlich ganz geschäftsmäßig. »Es tut mir leid, Ben. Ich würde gern später ins Büro fahren, aber das geht wirklich nicht. Ich habe heute Morgen eine wichtige Besprechung.«

Im nächsten Augenblick sauste sie die Treppe hinauf, um sich fertig zu machen. 20 Minuten später küsste sie mich zum Abschied und eilte durch die Tür hinaus. Als ich mir schließlich noch eine Tasse Kaffee einschenkte, fiel mein Blick auf den Kühlschrank, und mir wurde bewusst, dass die Choice Map nicht mehr da war. Grace hatte sie mitgenommen!

Kurz darauf stieg ich in mein Auto, um ins Büro zu fahren. Da erblickte ich hinter dem Scheibenwischer einen kleinen Zettel. Es war eine in aller Eile geschriebene Notiz von Grace:

Lieber Schatz,

vielen, vielen Dank für die Choice Map – und vor allem für das gute Gespräch heute Morgen. Du kannst dir nicht vorstellen, wie viel mir das bedeutet!

In Liebe
Grace

Ihre Nachricht verlieh mir ein großartiges Gefühl. Offensichtlich hatten Josephs Ideen ihr gefallen. Zumindest für den Moment hatte ich in ihren Augen wieder etwas gutgemacht. Gut! Das war eine Belastung weniger in meinem Leben.

Kapitel 6

Umschaltfragen

Zwischen Reiz und Reaktion liegt ein Raum.
In diesem Raum liegt unsere Macht zur Wahl
unserer Reaktion. In unserer Reaktion liegen
unsere Entwicklung und unsere Freiheit.

Viktor Frankl

Als ich aus dem Fahrstuhl im Pearl Gebäude ausstieg, erblickte ich Joseph, der seine Ficusbäume mit einer großen roten Gießkanne goss. Es überraschte mich, ihn bei einer Tätigkeit zu sehen, die ich an meine Mitarbeiter delegiert hätte. Er wandte sich mir mit einem freundlichen Lächeln zu. »Ich liebe es, von Pflanzen umgeben zu sein. Sie erinnern mich jeden Tag daran, dass alle Lebewesen unsere Aufmerksamkeit brauchen«, sagte er. »Es sollte kein Büro ohne mindestens eine oder zwei Pflanzen geben. Meine Frau, Sarah, ist in unserer Familie die Gärtnerin. Ihr zufolge halten Pflanzen uns dazu an, uns Fragen zu stellen. Bekommen sie genug Wasser, genug Sonne? Müssen sie etwas zurückgeschnitten werden? Benötigen sie spezielle Nährstoffe? Durch Fragen kommen sie zur vollen Entfaltung, genauso wie wir Menschen.« Er schloss die Pflege seiner Pflanzen rasch ab und wir gingen in sein Büro.

»Am Ende unseres letzten Treffens haben wir über die Choice Map gesprochen sowie darüber, was sie uns über den

Lern- und Kritikermodus verrät«, begann Joseph. »Haben Sie sich darüber noch weitere Gedanken gemacht?«

Ich erzählte ihm mit einer gewissen Zurückhaltung von Grace und unserem Gespräch in der Küche und dass sie die Choice Map vom Kühlschrank mit zur Arbeit genommen hatte.

»Es ist klar, dass wir verschiedene Ergebnisse erhalten, je nachdem, ob wir den Lern- oder den Kritikerpfad einschlagen«, sagte ich zögernd. »Vielleicht bleibe ich häufiger auf dem Kritikerpfad hängen, als ich zugeben will.«

»Glücklicherweise gibt es eine Abkürzung, um den Kritikerpfad zu verlassen, sobald wir erkennen, dass dieser Modus uns in seiner Gewalt hat.« Joseph deutete auf die kleine Abzweigung in der Mitte der Karte, die den Kritiker- und den Lernpfad miteinander verband. Sie war mit »Wechselpfad« bezeichnet. »Diese Abzweigung ist der Schlüssel zur Veränderung. Sobald wir uns bewusst machen, dass wir uns im Kritikermodus befinden – natürlich ohne uns dafür zu verurteilen –, gehen wir mithilfe von Umschaltfragen in den Lernmodus über. Sehen wir uns an, wie das funktioniert. Wenn wir auf dem Kritikerpfad stehen«, fuhr Joseph fort, »wirkt die ganze Welt ziemlich düster. Obwohl die Welt in Wirklichkeit voller endloser Möglichkeiten ist, können wir diese nur begrenzt wahrnehmen, wenn wir mit Kritikerohren hören oder mit Kritikeraugen sehen. Ich möchte Ihnen zeigen, wie Sie Ihre Perspektive verändern und im wahrsten Sinne des Wortes alles anders sehen und hören, und das manchmal von einem Moment auf den anderen. Begeben Sie sich in der Vorstellung für einen Moment auf den Kritikerpfad, genau an den Punkt, an dem der Wechselpfad abzweigt.«

Ich konzentrierte mich auf den Punkt auf der Karte, an dem der Wechselpfad vom Kritikerpfad abzweigte.

»Jedes Mal, wenn Sie diesen Weg betreten«, fuhr Joseph fort

und deutete auf den Wechselpfad, »treffen Sie automatisch eine Entscheidung.«

»Sie wachen auf. Sie entdecken eine gänzlich neue Sicht auf die Welt. In Bezug auf die Dinge, die Sie für möglich halten, denken Sie buchstäblich um. Ihre Kritikergedanken beherrschen Sie nicht länger, und Sie können freier entscheiden, was Sie als Nächstes denken und tun werden.«

»Bei Ihnen hört es sich so an, als hätten wir stets die Möglichkeit, uns zu entscheiden … als handele es sich um eine Fähigkeit.«

»Genauso ist es! Wir werden alle mit dieser Fähigkeit geboren«, rief Joseph aus. »Das macht uns zu Menschen. Wir haben stets eine Wahl, obwohl wir diese Fähigkeit üben müssen und manchmal Mut dafür brauchen, um sie bestmöglich zu nutzen. Der Psychologe Viktor Frankl sprach in diesem Zusammenhang von der letzten Freiheit des Menschen, in jeder Situation seine Einstellung zu wählen.

Im Grunde geht es darum, das praktisch umzusetzen. Immer wenn Sie ahnen, dass Sie im Kritikermodus sein könnten, sollten Sie innehalten, tief durchatmen, neugierig werden und sich selbst fragen: *Bin ich im Kritikermodus?* Natürlich ist es etwas knifflig, diese Frage unvoreingenommen zu stellen! Lautet die Antwort *Ja, ich bin im Kritikermodus*, können Sie sich mithilfe einfacher Fragen wie etwa den Folgenden auf den Wechselpfad begeben: *Möchte ich im Kritikermodus sein? Wo wäre ich gern?*« Joseph lachte. »Ist es leicht, das zu tun? Nicht immer, aber im Prinzip ist es tatsächlich einfach. Der Wechselpfad führt Sie auf den Lernpfad. In Ihrem Arbeitsbuch finden Sie eine Liste mit Umschaltfragen. Diese Liste ist ein weiteres Instrument des QT-Systems.«

Irgendetwas ging mir noch im Kopf herum, aber ich bekam es nicht richtig zu fassen. Dann dämmerte es mir. Es hatte mit meiner Frage an Grace zu tun – wie es ihr gelang, ihre Stimmung so schnell zu verändern. Nun wurde mir klar, dass sie Umschaltfragen nutzte, ob sie sich dessen bewusst war oder nicht.

Joseph blickte nachdenklich aus dem Fenster. »Ich möchte Ihnen eine Geschichte erzählen, die zeigt, wie sehr sich Umschaltfragen auf unsere Leistungen und Ergebnisse auswirken können. Es ist eine wahre Geschichte über meine Tochter Kelly, die eine begeisterte Turnerin ist. Am College hat sie sogar für eine Landesmeisterschaft trainiert. Folgendes ist passiert: Während des Trainings brachte Kelly meistens gute Leistungen, allerdings nur *meistens*. Sarah und ich wussten, dass sie es auf diese Weise nie ins Team schaffen würde. Sie verfügte zwar über das notwendige Können, aber ihre Leistungen schwankten zu sehr.

Da sie uns darum gebeten hatte, arbeiteten wir mit Kelly daran, sich zu verbessern, damit sie ins Team aufgenommen würde. Zunächst fragten wir sie, woran sie unmittelbar vor einer Turnvorführung dachte. Sie erkannte, dass sie sich in diesen entscheidenden Momenten stets die gleiche Frage stellte: *Werde ich dieses Mal hinfallen?*«

»Das ist eine Kritikerfrage«, bemerkte ich.

»So ist es«, stimmte mir Joseph zu, »denn sie lenkte ihre Aufmerksamkeit ganz darauf zu versagen. Aufgrund ihrer Frage bekam meine Tochter *Kritikerprobleme*, wie sie selbst es nennt. Die Frage beeinträchtigte ihre Leistung erheblich. Daher versuchten wir drei, eine *Umschaltfrage* zu finden, die sie rasch in den Lernmodus katapultieren würde. Kelly selbst fiel die neue Frage ein: *Wie gelingt es mir, eine gute Leistung zu erbringen?* Damit klappte es. Mit dieser neuen Frage konzentrierte sie sich auf etwas Positives und programmierte sich auf diese Weise um. Ihre Leistungen verbesserten sich exponentiell und wurden darüber hinaus äußerst berechenbar. Kelly zufolge hilft diese neue Frage ihr, konzentriert zu bleiben und alles andere auszublenden.«

»Wurde sie in die Mannschaft aufgenommen?«

»Aber klar«, antwortete Joseph. »Und außerdem kam sie mit einem Pokal nach Hause. Sie belegte zwar nicht den ersten Platz, aber ich war wirklich stolz auf sie. Zugegeben, vor 20 Jahren hätte ich sie wahrscheinlich dafür gescholten, dass sie nicht den ersten Platz errungen hat. Kinder zu haben lehrt uns, eine ganze Reihe neuer Fragen zu stellen, das kann ich Ihnen sagen. Sie finden Kellys Geschichte übrigens in meiner Question Thinking Ruhmeshalle.«

»All das klingt für mich ein bisschen nach Zauberei«, frotzelte ich. »Oder nach einem Wunder.«

»Es ist weder Zauberei noch ein Wunder«, erwiderte Joseph schmunzelnd. »Es ist einfach eine *Technik*. Fragen können sogar physiologische Veränderungen zur Folge haben. So kann zum

Beispiel die besorgte Frage *Was ist, wenn ich gefeuert werde?* eine ganze Kette biochemischer Stressreaktionen im Körper auslösen. Kellys Frage *Werde ich dieses Mal hinfallen?* erinnerte sie an ihre vergangenen Misserfolge und verunsicherte sie. Das wirkte sich negativ auf ihre Leistungen aus und verstärkte alte Programmierungen. Natürlich wollte sie nicht bewusst scheitern, aber genau das geschah aufgrund dieser alten Frage. *Der Gedanke führt zur Intention.* Lernfragen programmieren uns mit einer positiven Absicht – in Kellys Fall führten sie zur richtigen Einstellung – und zu stimmigen Bewegungsabläufen, um herausragende Leistungen zu erbringen.«

»Letztlich behaupten Sie damit aber, dass Kritiker keine Spitzenleistungen erbringen können«, schlussfolgerte ich. »In diesem Punkt kann ich Ihnen nicht zustimmen. Ich kenne Kritikertypen, die überaus produktiv waren.«

»Ich wäre vorsichtig mit solchen Begriffen. Niemand ist ein ›Kritikertyp‹ oder ›Lerntyp‹. Die Begriffe beziehen sich lediglich auf unsere innere Einstellung. Wie Sie bereits wissen, kommt es bei jedem von uns zu beiden Einstellungen, und das wird auch immer so sein. Doch es liegt seltsamerweise in der Natur des Menschen, andere schnell mit bestimmten Etiketten zu versehen, die dann fast unlösbar haften bleiben. Andererseits ist unsere Haltung dynamisch und im Stande, sich von einem Moment auf den anderen zu verändern. Das Question Thinking macht uns unsere Einstellung bewusst, daher können wir gewünschte Veränderungen leichter umsetzen. Und wir können jederzeit damit beginnen.

Trotzdem haben Sie natürlich recht damit, dass viele Menschen mehr Zeit im Kritikermodus verbringen als im Lernmodus. Und sie können dabei durchaus motiviert und produktiv sein. Allerdings hat ihr Erfolg häufig einen sehr hohen Preis. Menschen mit einem überaktiven inneren Kritiker können sich selbst und allen anderen in ihrem Umfeld den letzten Nerv rauben. Und das mindert letztlich die Produktivität, Kooperationsbereitschaft und Kreativität. Ganz zu schweigen von der Arbeitsmoral! Es ist schwer, gegenüber jemandem loyal zu sein, der die meiste Zeit im Kritikermodus ist – oder gar, ihm zu vertrauen. Ein ausgeprägter Kritikermodus kann zu Ablehnung und Konflikten innerhalb der Familie sowie unter Kollegen führen.

Wer sich wünscht, dass andere Menschen wirklich engagiert sind und sich einbringen, sollte sich auf den Lernpfad begeben.

Wird ein Unternehmen von Leuten geleitet, die sich häufig im Kritikermodus befinden, kommt es häufiger zu Stress, Konflikten und zwischenmenschlichen Problemen. Solche Führungskräfte sind nicht gut dafür gerüstet, Herausforderungen flexibel, anpassungsfähig und erfolgreich zu meistern. Und stellen Sie sich nur einmal vor, welches Chaos der Kritikermodus verursacht, wenn Sie diese Einstellung abends mit nach Hause nehmen!

Meine Frau, Sarah, hat einmal einen Artikel über den Unterschied von Ehen mit einem hohen Kritikeranteil und Ehen mit einem hohen Lernanteil geschrieben. Demnach hängt unsere Erfahrung in der Liebesbeziehung sehr stark davon ab, ob wir den Partner mit Lern- oder mit Kritikeraugen betrachten. Mit Lernaugen konzentrieren wir uns vorwiegend darauf, was wir am anderen schätzen und was in unserer Beziehung funktioniert. Wir fokussieren uns auf die Stärken anstatt auf die Schwächen – seien es die eigenen oder die unseres Partners.«

Ich nickte zustimmend.

»Im Kritikermodus – ob zu Hause oder in der Arbeit – betrachten wir häufig alles als Hürde und sind der Meinung, ein anderer sei stets schuld an den Dingen. Daher mangelt es uns an Energie. In einem solchen Fall sollten wir uns einfache Umschaltfragen stellen, wie etwa: *Bin ich im Kritikermodus? Werde ich die Dinge verwirklichen, die ich wirklich möchte? Wo wäre ich lieber? Wofür bin ich verantwortlich?* Halten Sie inne, atmen Sie tief durch, begeben Sie sich auf den Wechselpfad, dann können Sie unmittelbar in den Lernmodus umschalten.«

»Wenn Sie recht haben, könnte ich doch einfach im Lernmodus bleiben, indem ich mich ständig auf diese Fragen konzentriere.«

»Theoretisch stimmt das. Aber das Leben ist in Wirklichkeit nicht so einfach. Außerdem ist niemand von uns ein Heiliger. Wir verfallen alle hin und wieder in den Kritikermodus. Das meine ich damit, wenn ich sage, wir alle sind Kritiker in Therapie«, fuhr Joseph fort. »Aber eins verspreche ich Ihnen – je mehr Sie die Choice Map und die Umschaltfragen verinnerlichen, desto schneller und leichter wird es Ihnen gelingen, in den Lernmodus überzugehen, und desto länger werden Sie diesen Modus aufrechterhalten können. Folglich werden Sie auch weniger Zeit im Kritikermodus verbringen. Überdies wird dieser Modus in der Regel weniger intensiv sein, sodass die Konsequenzen minimiert werden. Der Kritikermodus hat zwei Facetten. Wir bewerten uns selbst meist überaus kritisch und begegnen auch anderen mit einer äußerst negativen Haltung. Die Ergebnisse können sehr unterschiedlich aussehen, aber sie entstammen demselben voreingenommenen Denken.

Wenn wir uns zum Beispiel fragen *Warum bin ich so ein Versager?*, schaden wir unserem Selbstvertrauen und sind möglicherweise deprimiert. Konzentrieren wir uns dagegen mit einer Kritikerhaltung auf andere und stellen uns Fragen wie etwa *Warum sind alle anderen so dumm und frustrierend?* werden wir häufig wütend, nachtragend und feindselig. So oder so geraten wir im Kritikermodus häufig in Konflikt mit uns selbst oder anderen. Sobald der innere Kritiker die Kontrolle übernimmt, ist es unmöglich, eine ehrliche Verbindung zu anderen aufzubauen, etwas auf stimmige Weise zu klären oder zu innerer Ruhe zu finden. Daher setzen viele Mediatoren bei ihren Klienten die Materialien zum Lern- und Kritikermodus ein, vor allem die Choice Map.

Ich möchte Ihnen ein Beispiel für einen gegen sich selbst gerichteten Kritikermodus geben. Vor einigen Jahren sprach Sarah mit einer Frau namens Ruth, ihrer Redakteurin bei einer der Zeitschriften, für die Sarah schreibt. Sie unterhielten sich darüber, dass sie beide hin und wieder Probleme mit ihrem Gewicht hätten. Sarah erzählte Ruth, wie sie die Choice Map nutzte, um sich entspannter zu fühlen, sich selbst gegenüber nachsichtiger zu sein und bezüglich ihrer Ernährung bessere Entscheidungen zu treffen. Ruth war so begeistert davon, dass sie Sarah aufforderte, einen Artikel über ihre Erfahrungen zu schreiben.

In ihrem Beitrag zeigte Sarah, dass die Fragen, die sich jemand über sein Befinden und seine Ernährung stellt, entweder zu Problemen mit dem Selbstbild und dem Selbstvertrauen führen oder dem Betreffenden helfen, erfolgreich und mit sich selbst zufrieden zu sein. Zu den Problemfragen, die Sarah auflistete, gehörten unter anderen: *Was ist nur mit mir los? Warum habe ich schon wieder die Kontrolle verloren? Warum bin ich so ein hoffnungsloser Vielfraß?*«

»Das sind alles Kritikerfragen«, warf ich ein.

»Richtig. Und immer wenn Sarah mit Fragen wie diesen auf dem Kritikerpfad unterwegs war, machte sie sich extreme Selbstvorwürfe, was sie natürlich sofort in den Kritikersumpf katapultierte. Leider führte ein solcher Kritikerkoller in der Regel dazu, dass sie das Gefühl hatte, keine Kontrolle über sich zu haben – und nur noch mehr aß. Manchmal hatte sie regelrechte Fressattacken. Sobald Sarah erkannte, welche Wirkung diese Problem-Kritikerfragen auf sie hatten, suchte sie nach Umschaltfragen, die ihr eher weiterhelfen würden. Ihr zufolge waren die Umschaltfragen das Beste, was sie je ausprobiert hat, um die Kontrolle über sich selbst wiederzuerlangen. Ihre neuen Fragen lauteten zum Beispiel: *Was ist eigentlich wirklich mit mir los? Bin ich bereit, mir selbst zu verzeihen?* Und *Wie möchte ich mich fühlen?*«

»Und das brachte sie auf den Wechselpfad, die Abkürzung zum Lernpfad«, sagte ich.

»Stimmt genau. Sobald sie auf den Lernmodus umgeschaltet hatte, fielen ihr ein paar Fragen ein, die ihr halfen, dort zu bleiben, wenn sie wieder Gefahr lief, in den Kritikermodus abzudriften: *Was hilft mir jetzt am besten weiter? Bin ich ehrlich zu mir selbst? Was brauche ich wirklich? Welche Dinge, die nichts mit dem Essen zu tun haben, kann ich tun, damit es mir besser geht?* Immer wenn sie sich eine dieser Fragen stellte, fühlte sie sich gestärkt statt machtlos. Und nicht nur das, sie ist mittlerweile super in Form, und es fällt ihr nun ziemlich leicht, ihr Gewicht zu halten.«

Die Fotos von Sarah auf Josephs Schreibtisch vermittelten mir keineswegs den Eindruck, als sei sie eine Frau mit Gewichtsproblemen. Aber das Gespräch mit Joseph führte mir einmal mehr unangenehm vor Augen, wie häufig die Fragen, die ich mir selbst stellte, unmittelbar aus meinem Kritikergeist stammten.

»So, wie ich Sie bisher erlebt habe«, sagte Joseph in einem milden Ton, »haben Sie wohl kein Problem mit Ihrem Gewicht. Allerdings läuft bei Ihnen noch eine ganze Menge im Kritikermodus ab.«

»Da kann ich Ihnen nicht widersprechen«, wand ich mich. »Aber wie kommen Sie darauf?«

»Das ist einfach«, antwortete Joseph. »Erinnern Sie sich an den Moment, als Sie sich sicher waren, ich würde Sie als Kritiker *und* als Versager sehen?«

»Ja«, sagte ich zögernd. Ich spürte, dass ich gerade auf etwas zusteuerte, das ich bereuen würde.

»Aufgrund dieser Perspektive stecken Sie fest und glauben nicht daran, etwas verändern zu können. Und wenn Sie sich selbst mit voreingenommenen Fragen befeuern«, fuhr Joseph fort und sah mich dabei fest an, »haben Sie auch andere Leute ziemlich kritisch im Visier.«

»Ich kann mir selbst gegenüber ziemlich unnachgiebig sein, das stimmt … und gegenüber anderen ebenfalls.« Ich begann mich innerlich zu winden. »Aber manchmal gibt es wirklich Trottel und Idioten. Ich weiß, dass ich in diesem Punkt recht habe. Man muss diese Tatsache im Leben akzeptieren und seinen gesunden Menschenverstand einsetzen – oder ein gutes Urteilsvermögen, wie Sie bereits sagten.«

Ohne darauf einzugehen, lenkte Joseph meine Aufmerksamkeit wieder auf die Choice Map. Als ich sie zur Hand nahm, beugte er sich nach vorn und deutete auf die Figur im ersten Abschnitt des Kritikerpfads. Dann zeigte er mit dem Finger auf die Gedankenblase über ihrem Kopf. Sie enthielt nur eine Frage, die ich laut vorlas: *Wessen Schuld ist es?*

Schlagartig fielen mir all meine Probleme in der Arbeit ein. Ich dachte an den unangenehmen Moment der Wahrheit, in dem ich zu dem Schluss gekommen war, ein Versager zu sein und kündigen zu müssen. Ich schämte mich furchtbar. Spielte der innere Kritiker auch beim Gefühl der Scham eine Rolle? Ich war in dem Moment mit Sicherheit im Kritikermodus gewesen und hatte mich als Loser abgestempelt. Aber hatte ich denn nicht recht gehabt? Ich konnte nicht leugnen, dass ich es vermasselt hatte.

»Was geht Ihnen gerade durch den Kopf?«

Ich fühlte mich unwohl, als ich antwortete: »Je länger wir miteinander reden, desto mehr sehe ich ein, wie viel Schuld ich an vielen Dingen habe, die passiert sind.«

»Schuld«, hakte Joseph nach. »Was genau bedeutet dieser Begriff für Sie?«

»Letztlich bedeutet es, dass ich gehen sollte. Ich bin der Unfähige. Punkt! Ende der Diskussion.«

»Machen Sie für einen Augenblick einen Schritt zurück. Was geschieht, wenn Sie Ihre Frage verändern. Statt *Wer hat Schuld?* fragen Sie doch mal: *Wofür bin ich verantwortlich?*«

Diese Formulierungen hatten tatsächlich eine unterschiedliche Wirkung auf mich, aber ich wusste nicht warum. »Schuld. Verantwortung. Ist das nicht dasselbe?«

»Keineswegs«, erwiderte Joseph. »Schuld gehört zum Kritikermodus. Verantwortung zum Lernmodus. Zwischen den beiden besteht ein himmelweiter Unterschied. Wenn wir uns auf die Schuld konzentrieren, sind wir blind für Alternativen und Lösungen. Es ist beinahe unmöglich, ein Problem zu beheben, wenn wir aus einem Gefühl der Schuld heraus urteilen, das durch den inneren Kritiker hervorgerufen wurde. Schuld kann uns lähmen. Schuld hält uns in der Vergangenheit fest. Das Verantwortungsgefühl dagegen ebnet uns den Weg in eine bessere Zukunft. Wenn Sie Ihre Fragen darauf richten, wofür Sie möglicherweise verantwortlich sind, öffnen Sie Ihren Geist für neue Möglichkeiten. Sie sind frei, Alternativen zu suchen und zu gestalten, die zu einer positiven Veränderung führen.«

Schuld hält uns in der Vergangenheit fest. Das Verantwortungsgefühl ebnet uns den Weg in eine bessere Zukunft.

Schuld kann lähmen? Wie meinte er das? Ich hatte das dringende Bedürfnis aufzustehen, mich zu strecken und etwas herumzulaufen. Daher bat ich um eine Pause und spritzte mir auf der Toilette etwas kaltes Wasser ins Gesicht. Als ich zurückkam, sagte Joseph: »Wiederholen Sie bitte noch einmal für mich, was Sie neulich über Charles gesagt haben.«

Aha, zurück zu Charles! Nun hatte ich wieder festen Boden unter den Füßen. Ich würde Joseph mühelos darlegen können, wie gut mein Urteilsvermögen mir in diesem Fall gedient hatte und dass meine Gefühle gegenüber Charles nicht nur das Ergebnis meiner Kritikerhaltung waren. »Wie gesagt, wenn Charles nicht wäre, würde ich nicht so in der Tinte sitzen«, sagte ich. »Das ist offensichtlich. Er spielt ein Spiel, bei dem es einen Gewinner und einen Verlierer gibt. Man müsste blind sein, um das nicht zu erkennen.«

Ohne darauf zu antworten, forderte Joseph mich auf, die Seiten mit der *Tabelle zum Lern- und Kritikermodus* in meinem Arbeitsbuch aufzuschlagen. Eine Weile nahm ich die Einträge in den beiden Spalten unter die Lupe, in denen Schlüsselmerkmale von Lernmodus und Kritikermodus aufgelistet waren. Der Inhalt der beiden Spalten war sehr unterschiedlich. Es war offensichtlich, dass der eine Modus mich auf den Kritikerpfad und der andere mich auf den Lernpfad führen würde.

»Diese Tabelle fördert unsere Fähigkeit zur Selbstbeobachtung erheblich«, erklärte mir Joseph. »Sie listet Eigenschaften und Merkmale von Menschen im Kritiker- und im Lernmodus auf. So erkennen wir eher, wo wir uns in jedem Moment befinden. Die Übersicht ist unschätzbar wertvoll, da sie uns hilft, unser Beobachter-Selbst zu schulen und vom Kritiker- in den Lernmodus umzuschalten. Lassen Sie uns die Liste sofort nutzen, um ein paar Dinge zu untersuchen. Denken Sie an Charles und lesen Sie dann die Begriffe oder Beschreibungen, die Ihnen besonders ins Auge springen.«

»*Reagiert impulsiv und automatisch. Besserwisserisch. Erwartet Zustimmung oder Ablehnung. Rechthaberisch ...*« Ich unterbrach mich. Alles, was ich las, befand sich in der Spalte des Kritikermodus. Mein Unterkiefer verspannte sich. Dann konzentrierte ich mich auf die Lernmodus-Spalte. Nur eine Beschreibung fiel mir ins Auge: *Sieht einen Wert darin, etwas nicht zu wissen.* Ich war verwirrt.

»Was meinen Sie mit: ›Sieht einen Wert darin, etwas nicht zu wissen?‹«, fragte ich Joseph.

»Es ist wie bei jemandem, der etwas erforscht«, erklärte er. »Man will etwas Neues entdecken. Doch das ist unmöglich, wenn man an der Überzeugung festhält, alle Antworten bereits zu kennen. Einen Wert darin zu sehen, dass man etwas nicht weiß, ist die Basis für das Lernen sowie für jede Kreativität und Innovation. Mit dieser Haltung ist man offen für neue Möglichkeiten und hofft sogar, überrascht zu werden. Anstatt alte Meinungen, Positionen oder Antworten zu verteidigen, besteht das Ziel vielmehr darin, mit neuen Augen zu sehen. Denken Sie nur an Einsteins Worte: ›Lerne vom Gestern, lebe im Heute und hoffe auf morgen. Wichtig ist, dass man nicht aufhört zu fragen.‹ Ich bezeichne diese Haltung gern als ›Rationale Bescheidenheit‹, als eine Reife, die wir entwickeln, wenn wir einräumen, dass es unmöglich ist, jemals alle Antworten zu kennen.«

Rationale Bescheidenheit! Das gefiel mir. Dieses Gefühl hatte ich, wenn ich technologische Dinge erforschte. Davon abgesehen fühlte ich mich wie auf unbekanntem Terrain, vor allem, was zwischenmenschliche Beziehungen betraf.

Lernmodus/Kritikermodus-Tabelle*

Kritikermodus	Lernmodus
Bewertet sich selbst, andere, Tatsachen	Akzeptiert sich selbst, andere, Tatsachen
Reagiert impulsiv und automatisch	Geht auf andere ein, reagiert überlegt
Kritisch und negativ	Voller Wertschätzung, bescheiden
Engstirnig	Aufgeschlossen
Besserwisserisch, rechthaberisch	Sieht einen Wert darin, etwas nicht zu wissen
Sucht die Schuld bei anderen	Übernimmt Verantwortung
Problemorientiert	Lösungsorientiert
Nur der eigene Standpunkt zählt	Betrachtet etwas aus verschiedenen Blickwinkeln
Unflexibel und unnachgiebig	Flexibel/lernfähig/kreativ
Entweder-oder-Denken	Sowohl-als-auch-Denken
Verteidigt Hypothesen	Hinterfragt Hypothesen
Fehler sind etwas Negatives	Aus Fehlern lernt man
Geht von einem Mangel aus	Geht davon aus, dass genug vorhanden ist
Empfindet Möglichkeiten als begrenzt	Sieht unbegrenzte Möglichkeiten
Grundhaltung: abwehrend	Grundhaltung: neugierig

* Beide Haltungen sind normal. Aber jeder vermag zu entscheiden, in welchem Modus er agieren möchte.

Beziehungen im Lern- und im Kritikermodus

Verhalten im Kritikermodus	Verhalten im Lernmodus
Sieger-Verlierer-Orientierung	Win-win-Orientierung
Ablehnend, herablassend	Annehmend, empathisch
Bevormundend	Nachfragend
Getrennt von sich selbst und anderen	In Verbindung mit sich selbst und anderen
Hat Angst vor anderen Meinungen	Schätzt andere Meinungen
Empfindet Feedback als Ablehnung	Empfindet Feedback als lohnend
Gespräche sind geprägt von den eigenen Ansichten	Gespräche werden gemeinschaftlich geführt
Konflikte sind destruktiv	Konflikte sind konstruktiv
»Kritikerohren« *erwarten* Zustimmung oder Ablehnung	»Lernohren« *erwarten* Verständnis und Fakten
Gefahr	Möglichkeiten
Augenmerk darauf, was schlecht läuft, bei einem selbst oder anderen	*Augenmerk darauf,* was wertvoll ist, bei einem selbst oder anderen
Versucht zu attackieren oder verhält sich defensiv	Versucht, Dinge wertzuschätzen, Lösungen zu finden, zu gestalten

Plötzlich war ich verwirrt. Dann versuchte ich mir vorzustellen, was sich eigentlich zwischen Charles und mir immer abspielte. *Reagierte er automatisch und impulsiv oder tat ich das etwa? War Charles nun der Besserwisser oder war ich es womög-*

lich? Wer erwartete Zustimmung oder Ablehnung? Wer war recht-
haberisch? Wer war hier der voreingenommene Kritiker?

Bevor ich mich wieder sammeln konnte, konfrontierte Joseph mich mit einer neuen Frage: »Was kostet es Sie Ihrer Meinung nach, so viel Zeit im Kritikersumpf zu verbringen?«

»Was es mich kostet?«, wiederholte ich leise und blickte erst zu Joseph und dann zu Boden. Seine Frage hatte mich getroffen wie ein Blitz. »Ich möchte nicht einmal daran denken, was meine Kritikergewohnheiten das Unternehmen kosten. Zum einen bekomme ich ein ziemlich gutes Gehalt. Aber angesichts dessen, was ich zuwege bringe, ist das Geld zum Fenster hinausgeworfen. Und zum anderen vermute ich, dass ich mittlerweile eine vertrackte Situation geschaffen habe, die mein ganzes Team belastet. Es graut mir vor den Besprechungen mit meinen Mitarbeitern. Und die Auswirkungen, die all das auf die anderen Abteilungen hat, mit denen wir zusammenarbeiten … tja, das ist keine schöne Situation!«

Joseph war offenbar zufrieden mit meinen Erkenntnissen und nickte. »Das ist ein wahrer Fortschritt«, sagte er. »Sie machen sich großartig, Ben.«

»Großartig? Wovon sprechen Sie? Es ist eine Katastrophe. Können Sie mir bitte einen Rettungsring zuwerfen? Wie komme ich aus dieser Situation wieder heraus?«

»Ich *könnte* Sie herausziehen«, antwortete Joseph, »aber ich werde Ihnen etwas viel Wertvolleres schenken – Instrumente, mit denen Sie sich selbst herausziehen können. Ich bin ein großer Anhänger der ›Lehre-sie-zu-fischen-Philosophie‹. Ich bitte Sie nun, sich an eine Zeit zu erinnern, in der Sie in einer Arbeitssituation im Lernmodus waren. Haben Sie das Bild? Erinnern Sie sich so deutlich wie möglich daran, wie diese Erfahrung für Sie war. Wenn Ihnen das schwerfällt, sehen Sie sich die Lernmodusseite in der Tabelle an.«

Ich erinnerte mich sofort an meine Spitzenleistungen bei der KB Corp. Alles hatte reibungslos funktioniert. Jeden Morgen freute ich mich bereits beim Aufwachen auf die Arbeit. Meine Produktivität sowie die aller anderen war hoch. Wir waren überaus engagiert. Die Kollegen sagten mir sogar, wie gern sie mit mir zusammenarbeiteten. Wobei ich tatsächlich viel Zeit allein verbrachte. Ich lächelte angesichts dieser Erinnerung. Mein damaliges berufliches Leben hätte im Vergleich zu dem Alptraum, den ich jetzt durchmachte, nicht unterschiedlicher sein können.

»Ich hatte gerade einen Gedanken«, sagte ich. »Bei der KB hatte ich nicht so viel mit anderen Kollegen zu tun, außer wenn ich innovative Lösungen für ihre technologischen Fragen entwickeln sollte. Unter diesen Umständen war es nicht schwer, im Lernmodus zu bleiben.«

»Ich weiß, was Sie meinen«, sagte Joseph. »Es kann schwierig sein, dieselben Prinzipien auf Ihre aktuelle Führungsposition zu übertragen. Menschen sind schließlich keine Maschinen.«

»Das sagt mir meine Frau auch immer«, bemerkte ich.

Wir lachten beide.

»Ich möchte sehen, ob ich Sie richtig verstehe«, sagte Joseph. »Bei technologischen Problemen stellt sich bei Ihnen also automatisch und mühelos eine neugierige Lernhaltung ein. Das beherrschen Sie sehr gut. Sie stellen spezifische Fragen, die Ihnen helfen, die Dinge objektiv – quasi aus einer gewissen Distanz heraus – zu betrachten, Ihre Vermutungen zu überprüfen und die Lage insgesamt einzuschätzen. In solchen Situationen ist Ihnen Folgendes bewusst: Egal, welche Ideen und Lösungsansätze Ihnen auch einfallen, sie sind weder gut noch schlecht. Es handelt sich dabei lediglich um Informationen. Thomas Edison berichtete bekanntermaßen, dass er zigtausend Fehlversuche brauchte, um die elektrische Glühbirne zu erfinden, und dass jeder Fehlschlag letztlich zum erfolgreichen Ergebnis beitrug. Mithilfe der neuen Instrumente, die Sie bei mir kennenlernen, können Sie von den Dingen profitieren, die Sie bereits gut beherrschen. Selbstcoaching bedeutet, den Kritikermodus zu erkennen, ihn vom Lernmodus zu unterscheiden und auf Letzteren umzuschalten, wann immer Sie möchten. Sobald Ihnen das gelingt, sind Sie auf dem besten Wege, die Kontrolle über Ihr Leben zurückzugewinnen – sowohl bei ihrer Arbeit als auch zu Hause.«

Plötzlich machte etwas Klick bei mir. Ich betrachtete den Umschaltweg auf der Choice Map. »Umschalten ist die Voraussetzung für Veränderung«, rief ich aus. »Wenn man umschaltet, kommt etwas in Bewegung!«

**Umschalten ist die Voraussetzung für Veränderung.
Wenn man umschaltet, kommt etwas in Bewegung!**

Joseph nickte begeistert. »So ist es! Sie haben es erfasst! Die Fähigkeit umzuschalten versetzt uns in die Lage, etwas zu verändern. Vorurteilsfrei den eigenen Kritikermodus zu betrachten und dann eine Umschaltfrage zu stellen gehört zu den wirksamsten und mutigsten Dingen, die man für sich selbst tun kann. Es ist der Kern der Veränderung, das, was manche Menschen als *Selbstmanagement* oder *Selbststeuerung* bezeichnen. Die Bereitschaft und die Fähigkeit umzuschalten versetzen uns immer wieder in die Lage, Veränderungen herbeizuführen, da wir uns stets von einem Moment zum nächsten in die Beobachterrolle begeben und uns selbst Lernfragen stellen können. Unsere innere Haltung zu verändern kann uns buchstäblich neue Augen und neue Ohren verleihen!«

Josephs Begeisterung war ansteckend.

»Die Alarmknöpfe, die früher möglicherweise unsere Kampf- oder Fluchtreaktion ausgelöst haben, signalisieren uns nun also, dass wir uns im Kritikermodus befinden«, schlussfolgerte ich. »Wir verwandeln solche Auslöser somit in Signale. Und wir suchen nach einer Umschaltfrage, um wieder auf den Lernpfad zurückzukehren. Wir ziehen selbst an den Strippen, anstatt jemand anderem diese Macht zu geben.«

»Genauso ist es«, bestätigte Joseph. »Genauso ist es!«

Ich wollte mehr erfahren, vor allem darüber, wie ich die Bereitschaft zur Veränderung entwickeln und aufrechterhalten konnte. Darüber, wie das meine Ergebnisse in der Arbeit verbessern konnte. Aber ein Blick auf die Uhr sagte mir, dass die Sitzung an diesem Tag zu Ende war.

Kapitel 7

Mit anderen Augen sehen, mit anderen Ohren hören

Richtiges Zuhören ist nicht leicht. Wir hören die Worte, aber wir drosseln das Tempo nur selten, um hinzuhören und die Ohren wirklich zu spitzen, um die Emotionen, die Ängste und eigentlichen Sorgen zu hören.

Kevin Cashman

Zu Beginn unserer nächsten Sitzung stellte ich Joseph eine Frage, die mich bereits seit unserem ersten Gespräch beschäftigte. »Vielleicht ist es ja nur Wunschdenken«, begann ich, »aber angesichts der Probleme, die der innere Kritiker uns bereitet ...«

Joseph hob seine Hand und signalisierte mir damit, nicht weiterzusprechen. Er sagte: »Niemand von uns kann verhindern, gelegentlich in den Kritikermodus zu verfallen. Es ist nur menschlich.« Dann lächelte er rätselhaft und fügte hinzu: »Aber wir können uns vom Kritikermodus befreien, indem wir diesen Teil von uns einfach akzeptieren. *Der Kritikermodus ist nicht das Problem. Es geht darum, wie wir damit umgehen.* Die Formel ist sehr simpel: Kritikermodus – Umschalten – Lernmodus. Aber sie funktioniert nur, wenn man damit beginnt, den Modus zu akzeptieren.«

»Wie bitte? Das ergibt doch keinen Sinn. Wie kann ich frei von etwas sein, das ein Teil von mir ist?«

»Es klingt tatsächlich etwas paradox«, stimmte Joseph mir zu. »Aber es *ist* möglich. Wenn wir akzeptieren, was ist, dann kann ein ebenes Spielfeld entstehen, sodass Veränderung tatsächlich möglich ist. Das Feld zu ebnen kann allerdings auch eine Herausforderung sein, vor allem, wenn der innere Kritiker uns häufig etwas ins Ohr flüstert. Hat Alexa Ihnen je etwas über den Durchbruch ihres Ehemannes, Stan, erzählt?«

»Sie hat so etwas erwähnt«, antwortete ich. »Offenbar haben Sie ihm dabei geholfen, einen Haufen Geld zu verdienen.«

»Er ist sehr stolz auf diese Geschichte«, sagte Joseph. »Er hat die QT-Tools genutzt, um sich einen Platz in meiner Ruhmeshalle zu verdienen. Wie Alexa Ihnen vielleicht erzählt hat, ist Stan im Anlagegeschäft tätig. Für ihn war es sehr profitabel, seinen inneren Kritiker zu akzeptieren! Vor ein paar Jahren war Stan sehr voreingenommen und musste immer recht haben. Er selbst sah sich zwar nicht so, aber viele Menschen in seinem Umfeld taten das. Wenn er mit jemandem in Konflikt geriet oder negative Gerüchte über ihn hörte, schrieb er ihn einfach ab. Stan würde sagen, dass er an seinen Vermutungen und Meinungen festhielt wie ein Bullterrier an einem Knochen. Er lehnte viele Geschäftschancen aufgrund von Gerüchten, Klatsch und Tratsch und vagen Schuldvermutungen ab. All das rechtfertigte er damit, das Risiko zu minimieren – was nur zum Teil stimmte.

Einmal investierte er eine große Summe in ein vielversprechendes technologisches Start-up-Unternehmen. Etwa ein Jahr später stellte dieses Unternehmen einen Geschäftsführer aus einer Firma ein, die in einen großen Finanzskandal verwickelt war. Der neue CEO war zwar von jeglichem Fehlverhalten freigesprochen worden, aber Stan war trotzdem felsenfest davon überzeugt, dass bei einem solchen Menschen das dicke Ende noch nachkommen würde. Er war kurz davor, sein Geld aus dem Unternehmen abzuziehen, doch gleichzeitig stürzte die ganze Geschichte ihn in einen großen Konflikt. Abgesehen davon, dass dieser CEO eingestellt worden war, schien das Unternehmen alles richtig zu machen.

Eines Abends gingen Sarah und ich mit Stan und Alexa essen. Wir sprachen über das Material zum Lern- und Kritikermodus, und Alexa ermutigte Stan, seine Vermutungen zu hinterfragen und seine Investition mithilfe von Umschaltfragen zu bewerten. Sie schlug ihm vor, zu diesem Zweck den *BASE-Entscheidungsprozess* zu nutzen. Stan war damit einverstanden, es auszuprobieren und dann überrascht, wie viel es bei ihm veränderte. Ich habe dieses Tool bereits erwähnt und Ihnen versprochen, es zu erklären. Also so funktioniert es:

Der BASE-Entscheidungsprozess

B   Befrage dich!
Bin ich im Kritikermodus? Funktioniert dann das, was ich tue/vorhabe?

A   Atme bewusst!
Sollte ich einen Schritt zurück machen,
innehalten und mir neue Sichtweisen eröffnen?

S   Sei neugierig!
Was geschieht tatsächlich (mit mir, den anderen, in der Situation)?
Welche Informationen fehlen mir noch?

E   Entscheide!
Wie sieht meine Entscheidung aus? Welche Option wähle ich?

B – Befrage dich! *Befinde ich mich im Kritikermodus?* Stan reagierte auf eine witzige Weise darauf. Nachdem wir ihm die Merkmale des Kritikermodus beschrieben hatten, räumte er erstaunlicherweise ein, dass vieles davon auf ihn zutraf. Seine Antwort überraschte uns: »Im Kritikermodus zu sein ist meine Stärke!« Wir lachten alle, aber gleichzeitig wussten wir, dass er sein Verhalten nun allmählich ehrlicher betrachtete.

A – Atme bewusst! *Sollte ich innehalten, einen Schritt zurück machen und die Situation objektiver betrachten?* Stan lächelte angesichts dieser Frage, atmete tief durch, schwieg und räumte kurz darauf ein, dass er alles andere als objektiv war, vor allem, weil so viel Geld auf dem Spiel stand. Er misstraute dem neuen Geschäftsführer tatsächlich, obwohl er noch nicht einmal mit ihm gesprochen hatte.

S – Sei neugierig! *Was passiert hier? Wie sehen die Fakten aus? Welche Informationen fehlen mir noch? Was vermeide ich?* Wir fragten Stan, ob er irgendetwas unternommen hatte, um objektive Informationen zu erhalten. Hatte er alles, was er brauchte, um ein verantwortungsvolles Urteil zu fällen? Stan erkannte, dass er seine Abneigung gegenüber dem CEO nur aufgrund dessen entwickelt hatte, was ihm zu Ohren gekommen war. Aber Tatsachen? Fehlanzeige! Stan gestand, dass er in Wirklichkeit über keinerlei gesicherte Fakten verfügte. Das war ein richtiges Aha-Erlebnis für ihn.

E – Entscheide! *Wie sieht meine Entscheidung aus? Welche Option wähle ich?* Stan hatte erkannt, dass er nicht über alle Informationen verfügte, die er für eine kluge Entscheidung benötigte. Und angesichts seiner großen Investition war er es sich selbst schuldig, die Situation zu überprüfen. Einen Monat später rief er mich an und erzählte mir, er habe sich ausgiebig informiert und herausgefunden, dass der neue CEO fachlich gut war. Stan hatte den Kritikermodus bei sich erkannt und konnte daher seine Vermutungen hinterfragen und eine unvoreingenommene Haltung gegenüber dem CEO entwickeln. Um es kurz zu machen: Stan beließ sein Geld in dem Unternehmen, zwei Jahre später ging dieses an die Börse, und er verdiente ein Vermögen.

Diese Erfahrung brachte Stan zum Nachdenken. Sie war ein wahrer Weckruf für ihn. Da er erkannte, wie viel Geld sein Kritikermodus ihn beinahe gekostet hätte, nutzt Stan den BASE-Prozess nun ständig. Er ist zu einem festen Bestandteil seines Selbstcoachings geworden. Er scherzt sogar darüber, wie fest er diese Fragen mit seinem Gehirn verschaltet! Nichts dergleichen wäre passiert, wenn er nicht in der Lage gewesen wäre, den Kritikeranteil bei sich selbst zu erkennen und zu akzeptieren, anstatt ihn zu verdrängen. Der BASE-Prozess beginnt mit Aufmerksamkeit und dem Akzeptieren von Gegebenheiten und baut dann darauf auf. Für Stan hat sich das mit Sicherheit gelohnt.

Wenn Sie Stan heute begegneten, würde Ihnen nach wie vor auffallen, wie eigensinnig und voreingenommen er sein kann. Er kennt diesen Teil von sich sehr gut und akzeptiert ihn, aber er lässt sich davon bei der Entscheidungsfindung nicht mehr blenden. Er kann seinen inneren Kritiker sogar mit Humor betrachten.«

»Das ist eine tolle Geschichte!«, sagte ich und meinte es auch so. Ich entdeckte die BASE-Formel in meinem Arbeitsbuch und machte mir ein paar Notizen dazu.

»Stan hat dadurch viel Geld verdient, und meine Frau hatte endlich keine Probleme mehr mit ihrem Gewicht«, fügte Joseph hinzu. »Hätten sie weiterhin ihre Zeit vergeudet und ihren inneren Kritiker urteilen lassen, wären sie – was ihre gewünschten Veränderungen betraf – nicht einmal bis zum ersten kleinen Etappenziel gekommen.«

»Das klingt alles wirklich großartig. Aber etwas irritiert mich ein bisschen. Der Begriff »Lernmodus« klingt irgendwie *soft*. Führungskräfte müssen aber stark und entschlossen sein. Sie müssen sich durchsetzen und schwerwiegende Entscheidungen fällen. Ich wüsste nicht, wie mir ein stärker ausgeprägter Lernmodus dabei helfen könnte.«

»Und was ist mit Alexa?«, konterte Joseph. »Wie geht sie mit schwierigen Entscheidungen um?«

»Punkt für Sie«, antwortete ich rasch und dachte an einige schwierige Entscheidungen, die Alexa getroffen hatte, mit denen ich nicht gern konfrontiert gewesen wäre. Sie konnte knallhart sein, wenn die Situation es erforderte. Aber jeder, der für sie arbeitete, fühlte sich von ihr respektiert, auch wenn sie sehr fordernd war.

»Zwischen einem ›harten Lernmodus‹ und einem ›harten Kritikermodus‹ besteht ein entscheidender Unterschied«, erklärte Joseph. »Man kann eine Aufgabe mit beiden Haltungen erledigen. Eine Führungskraft im Lernmodus ist allerdings auf eine Weise *tough*, die sowohl Loyalität und Respekt als auch die Zusammenarbeit und Risikobereitschaft fördert. Führungskräfte im Kritikermodus erzeugen eher Angst und Misstrauen bei den Menschen in ihrem Umfeld und damit sind Konflikte vorprogrammiert.«

Spielte Joseph hier auf meinen Führungsstil und mein alptraumhaftes Team an? Anstatt das zu thematisieren, sprach ich zunächst einen weiteren Vorbehalt an, den ich in Bezug auf den Lernmodus hatte.

»Verlangsamt der Lernmodus die Abläufe nicht? Man steht ja ständig unter Druck, und ein Termin jagt den anderen.

Manchmal wanke ich regelrecht unter der Last all der Dinge, die ich innerhalb kürzester Zeit erledigen muss. Wenn ich die ganze Zeit im Lernmodus wäre, würde die Arbeit dann nicht endlos dauern? Würde ich dann nicht noch mehr in Verzug geraten, als es ohnehin schon der Fall ist?«

Joseph beantwortete meine Frage mit weiteren Gegenfragen: »Wie oft haben Sie Fehler gemacht, wenn Sie in Eile waren? Wie oft haben Sie sich oder anderen dann die Schuld dafür gegeben und mussten alles noch einmal machen? Wie viel Zeit hat *das* gekostet? Wie oft waren Sie ungeduldig oder unhöflich gegenüber jemandem, weil Sie in Hektik waren, und haben anschließend festgestellt, dass die betreffende Person seitdem nicht mehr viel mit Ihnen gesprochen hat? Welchen Preis bezahlt man, hinsichtlich der Zeit, der Ergebnisse und sogar der Loyalität, wenn man so mit anderen Menschen umgeht?«

Ich starrte Joseph einfach nur an. Es war, als hätte er mich rund um die Uhr, fünf Tage pro Woche in meinem Büro beobachtet. Schließlich fügte er hinzu: »Solche Dinge passieren, wenn der Kritikermodus in der Arbeit das Steuer übernimmt. Von den Leuten in meiner Question Thinking Ruhmeshalle habe ich dagegen immer wieder gehört, wie sehr der Lernmodus ihnen tatsächlich hilft, Zeit zu sparen und die Produktivität zu steigern. Einer von ihnen behauptete sogar, Schnelligkeit und Produktivität seien keineswegs das Gleiche. Dann sagte er scherzend, der innere Kritiker lege sowohl der Produktivität als auch der Effektivität Bremsklötze an.

Der innere Kritiker legt sowohl der Produktivität als auch der Effektivität Bremsklötze an.

»Der innere Kritiker sorgt für Bremsklötze, das gefällt mir«, sagte ich. »Sicherlich wäre das Leben viel einfacher, wenn wir alle den Kritikermodus in uns selbst erkennen und akzeptieren, auf den Lernmodus umschalten und aus dieser Haltung heraus agieren könnten.«

»Wie wahr!«, stimmte Joseph mir zu. »Das ist eins der obersten Ziele des Question Thinking. Stellen Sie sich vor, wie die Arbeit aussehen würde, wenn die Mitarbeiter genau das die meiste Zeit tun würden. Sie hätten eine Lernkultur. Sie könnten sogar behaupten, ein lernendes Unternehmen zu sein. Und wie sieht es bei Ihrem Team aus, Ben? Über das Sie so viel klagen? Befindet es sich meistens im Kritiker- oder im Lernmodus? Teams und sogar Organisationen folgen der Stimmung und dem Verhalten der Leiter, das wissen Sie sicherlich. Ihre Ergebnisse als Teamleiter werden sich nur verbessern, wenn die Ergebnisse Ihres Teams besser werden.« Er machte eine kurze Pause und fügte dann hinzu: »Betrachten Sie das, worüber wir gesprochen haben, als *praktische Übung*, so wie manche Menschen Yoga, Achtsamkeit oder Meditation praktizieren. Richten Sie jeden Tag Ihre gesammelte Aufmerksamkeit darauf. Manchmal stündlich, manchmal in jedem Moment. Je mehr Sie das üben, desto besser wird es Ihnen gelingen. Einer meiner Klienten bezeichnete diesen Prozess als Neuverdrahtung seines Geistes. Ich denke, das trifft es gut. Schon bald werden Sie mit anderen Augen sehen und mit anderen Ohren hören.«

Joseph warf einen Blick auf seine Uhr. »Wir haben uns schon eine ganze Weile unterhalten. Wir könnten eine kleine Pause einlegen und dann den nächsten Schritt machen. Oder wir warten, bis wir uns das nächste Mal treffen. Was wäre Ihnen am liebsten?«

Ich war im Zwiespalt. Einerseits benötigte ich Zeit, um das zu verarbeiten, was wir gerade erörtert hatten. Aber andererseits war ich neugierig darauf, was Joseph mir noch erzählen wollte. Ich wusste, dass es mir bei meinen anstehenden Gesprächen mit Charles helfen würde – und auch bei Grace. Ich brauchte nur eine Sekunde, um mich zu entscheiden. »Okay, gehen wir es an!«

Kapitel 8

Lernteams und Kritikerteams

Nicht die Unterschiede trennen uns voneinander,
sondern unsere gegenseitigen Bewertungen.

Margaret J. Wheatley

Während unserer Pause erinnerte ich mich an meine Arbeit bei KB. Die Situation war dort völlig anders gewesen als das, was ich nun bei QTec erlebte. Als ich meine Erfahrungen verglich, hatte ich keinen Zweifel daran, dass ich bei KB die meiste Zeit im Lernmodus gewesen war. Als Forschungsingenieur und technischer Leiter erledigte ich meine Arbeit meistens allein, informierte das Team dann über meine Ergebnisse, hörte mir die Fragen der Teammitglieder dazu an und lieferte ihnen Antworten darauf. Es war leicht, die meiste Zeit im Lernmodus zu sein. Im Gegensatz dazu war ich bei QTec offensichtlich häufiger im Kritikermodus, als ich es mir eingestehen wollte. Egal wohin ich schaute – vor allem innerhalb meines Teams –, irgendetwas lief schief oder irgendjemand tat nicht das, was er eigentlich sollte. Wie sollte ich den Kritikermodus da vermeiden? Als Joseph und ich unsere Sitzung fortsetzten, teilte ich ihm diese Beobachtung mit und sagte: »Ich weiß nicht genau, wie ich jetzt weitermachen soll.«

»Ich möchte Ihnen mit einer Erzählung antworten«, erwiderte Joseph. »Wahrscheinlich haben Sie schon von dem

Mythologen Joseph Campbell gehört. Er war bekannt dafür, in jeder Situation eine passende Geschichte parat zu haben. Diese ist eine, die ich vor vielen Jahren gehört habe.

Es war einmal ein Farmer, der auf seinem Feld arbeitete, als sein Pflug stecken blieb und sich nicht mehr bewegen ließ. Das Pferd bäumte sich auf und der Farmer fluchte. Nachdem er das Pferd beruhigt hatte, versuchte er, den Pflug rückwärts herauszuziehen, aber dieser bewegte sich immer noch nicht. Da er ein ungeduldiger Mann war, schaltete der Farmer sofort auf den Kritikermodus um. Hatte ein Stein oder etwas anderes die Pflugschar beschädigt? In diesem Fall würde ihn das mindestens zwei Tage Arbeit kosten, da er die defekten Teile zum Schmied bringen müsste! Fluchend begann er zu graben, um den Pflug freizulegen. Zu seiner Überraschung erkannte er, dass dieser an einem Eisenring festhing, der sich 15 Zentimeter tief unter der Erde befand.

Als er den Pflug freibekommen hatte, wurde der Farmer neugierig. Er entfernte noch etwas Erde und zog an dem Eisenring. Da öffnete sich der Deckel einer alten Truhe. Als der Farmer hineinsah, lag ein Schatz aus wertvollen Juwelen und Gold im Sonnenlicht glänzend vor ihm.

Diese Geschichte erinnert uns daran, dass wir unsere größten Stärken und Chancen häufig erkennen, wenn wir unsere schwierigsten Hindernisse in Angriff nehmen. Manchmal müssen wir allerdings tief graben, um sie zu finden. Campbell beschrieb das mit den Worten: ›Dort, wo du stolperst, liegt dein Schatz‹. Um diesen Schatz freizulegen kann man sich Fragen stellen wie etwa: *Was könnte ich entdecken? Was habe ich bisher nicht wahrgenommen? Was könnte daran wertvoll sein?«*

»Das ist alles schön und gut. Aber ich erkenne immer noch nicht, wie *mir* all das helfen soll. Wo ist der Schatz in *meiner* verfahrenen Situation?«

Joseph ging locker auf meine skeptische Frage ein. »Wie wäre es mit ein paar Ausgrabungen?«, schlug er vor. »Lassen Sie uns zunächst einen Blick darauf werfen, welche Wirkung Ihre Einstellungen und Fragen auf die Menschen in Ihrem Umfeld haben.« Er lehnte sich auf seinem Stuhl zurück und atmete tief durch. »Wie ist es zum Beispiel bei Ihrem Team? Wie oft sind Sie im Kritikermodus, wenn Sie die Mitarbeiter treffen?«

»Ganz ehrlich? In letzter Zeit ist das fast in jedem Meeting der Fall!«

»Und wie kommunizieren Sie mit den Mitgliedern Ihres Teams?«

»Kommunizieren? Das ist ein Witz! Ich habe Ihnen ja bereits gesagt, wie schrecklich unsere Besprechungen sind. Wenn ich eine Sitzung einberufe, bringt niemand viel ein. Die Leute legen ihre Hände in den Schoß und erwarten, dass ich ihnen sage, was sie tun sollen. Letztlich sage ich dann etwas, und Charles bombardiert mich mit seinen endlosen Fragen. Egal was ich sage, er hinterfragt alles.«

»Stellen Sie sich vor, Sie wären der Farmer aus der Geschichte von Campell«, forderte Joseph mich auf. »Wenn Sie mit Ihrem Team zusammen sind, verfluchen Sie dann die Tatsache, dass Ihr Pflug stecken geblieben ist, oder werden Sie neugierig und wollen den Zugang zum Schatz finden? Versuchen Sie herauszubekommen, wer schuld an der Situation ist, oder suchen Sie danach, was funktioniert und was möglich sein könnte? Stellen Sie sich Fragen wie: *Auf welche Weise kann ich den anderen zeigen, dass ich die richtige Antwort habe?* Oder fragen Sie: *Was können wir gemeinsam herausfinden und erreichen? Welche Dinge, an die ich noch nicht gedacht habe, können die anderen beitragen?*«

Ich wusste nicht, wie ich mich verhielt, aber es entsprach gewiss nicht dem, was Joseph im Sinn hatte. »Ich glaube, Sie müssen mir hier noch etwas auf die Sprünge helfen.«

»In Ordnung. Sie haben bereits an Konferenzen mit Alexa teilgenommen. Wie leitet sie ihre Meetings? Was sagt und tut sie? Wie wirken diese Sitzungen auf Sie?«

»Ich freue mich auf Alexas Meetings«, antwortete ich. »Sie sind stets motivierend. Ich bekomme dort neue Ideen, die ich weiterverfolgen kann. Ich möchte danach am liebsten schnell in mein Büro zurückkehren und die Ideen umsetzen. Aber ich habe keine Ahnung, wie es ihr gelingt, diese Energie und Begeisterung in mir hervorzurufen.«

Kaum hatte ich das gesagt, wurde es mir mit einem Mal klar. »Alexa stellt Fragen«, sagte ich. »In ihren Meetings geht es nur um Fragen. Allerdings möchte sie die Leute nicht ausfragen. Alexa weckt vielmehr das Interesse der Teilnehmer. Sie stellt Lernfragen, die uns motivieren und manchmal sogar inspirieren.«

Joseph blieb noch einen Moment zurückgelehnt auf seinem Stuhl sitzen, bevor er sich enthusiastisch nach vorn beugte. »Alexas Fragen motivieren Sie dazu, sich bestmöglich einzubringen. Sie inspiriert Menschen, den Kritikermodus aufzugeben und aus dem Lernmodus heraus zu agieren. Sie sagt gern: ›Der Lernmodus fördert den Lernmodus. Und der Kritikermodus fördert den Kritikermodus.‹ Man könnte Alexa eigentlich als Führungskraft auf dem Lernpfad bezeichnen.« Joseph machte eine kurze Pause und fragte mich dann: »Was meinen Sie, wie unterscheiden sich Alexas Fragen von Ihren?«

**Der Lernmodus fördert den Lernmodus.
Und der Kritikermodus fördert den Kritikermodus.**

»Alexa hat ihren Stil und ich habe meinen«, sagte ich etwas abwehrend.

»Stellen Sie Fragen?«

»Natürlich stelle ich Fragen. Ich spreche nicht nur persönlich mit meinen Leuten, ich schicke ihnen darüber hinaus E-Mails und SMS und frage sie, was sie geschafft haben. Oder was sie noch nicht geschafft haben – das trifft es in letzter Zeit eher. Ich bekomme nur sehr wenige Antworten, was mich ziemlich wahnsinnig macht.«

»Und wenn die Mitarbeiter etwas antworten, auf welche Weise hören Sie dann zu? Wie reagieren Sie darauf?«

»Es kommt darauf an. Wenn die Antwort etwas taugt, notiere ich sie mir manchmal. Aber in letzter Zeit gehe ich stets ohne neue Ergebnisse aus den Meetings heraus.«

»Beschreiben Sie, wie Sie das Zuhören erleben«, forderte Joseph mich auf.

Das fiel mir nicht schwer. »Meistens bin ich ziemlich genervt und ungeduldig«, antwortete ich. »Vor allem, wenn die Antwort das Problem nicht einmal annähernd löst oder wenn klar wird, dass der Mitarbeiter meinen Plan nicht befolgt. Ich habe sehr oft den Eindruck, dass den Leuten das alles ziemlich egal ist.«

»Welche Haltung haben Sie in solchen Situationen gegenüber Ihren Kollegen? Sind Sie meistens im Lern- oder im Kritikermodus?«

»Na, im Kritikermodus natürlich! Aber keiner bringt sich auch nur im Mindesten ein … wenn die Leute wenigstens …«

Joseph hob die Hand. »Stopp! Moment mal, mein Freund. Wenn Sie mit Ihrem Team zusammen sind, klingt es, als würden Sie mit Kritikerohren hören und sich lauter Kritikerfragen stellen, wie zum Beispiel: *Werden sie wieder alles vermasseln?* oder *Auf welche Weise werden sie mich dieses Mal enttäuschen?*«

»Sicher, solche Dinge frage ich mich. Was sollte ich mich auch sonst fragen …?« Ich hielt plötzlich inne. »Oh je, ich bin mit meinem Zeh gerade gegen den Eisenring aus der Geschichte gestoßen, nicht wahr?«

»Ganz genau. Gut beobachtet! Und wie bei dem Farmer bestand Ihre erste Reaktion darin, auf den Kritikermodus umzuschalten – was sehr normal ist«, stellte Joseph fest. »Tun Sie nun ebenfalls das, was der Farmer als Nächstes tat. Werden Sie neugierig. Fragen Sie sich: ›Was geschieht hier?‹ Denken Sie an Ihr Team und folgen Sie dieses Mal dem Lernpfad.«

»Ich soll zusammen mit meinem Team dem Lernpfad folgen? Sie machen wohl Witze«, protestierte ich. »Außerdem, wie sollte ich das anstellen?«

»Hören Sie zunächst mit Lernohren zu. Schalten Sie in den Lernmodus um, bevor Sie sich mit Ihrem Team treffen. Probieren Sie solche Fragen aus, wie Alexa sie stellt, zum Beispiel: *Was schätze ich an ihnen? Welches sind die größten Stärken jedes Einzelnen? Wie kann ich sie dabei unterstützen, produktiver zusammenzuarbeiten? Wie gelingt es uns, gemeinsam auf dem Lernpfad zu bleiben?* Ihnen ist bestimmt bewusst, auf welche Weise solche Lernfragen alles in einem Meeting verändern würden. Alexas Fragen lassen eine Lernatmosphäre entstehen.

Sie laden jeden dazu ein, respektvoller, geduldiger und anteilnehmender zuzuhören – auch sie selbst. Mithilfe von Lernfragen hören wir zu, um den anderen zu verstehen, und nicht um herauszufinden, wer recht hat oder sich irrt. So kann jeder aus einem Gefühl der Sicherheit heraus neugierig sein, Risiken eingehen und sich voll einbringen, selbst wenn er vor schwierigen Herausforderungen steht.«

»Der Teil mit den schwierigen Herausforderungen bereitet mir noch Probleme«, erklärte ich. »Wir haben einige große Probleme, aber niemand ist bereit, sich dazu zu äußern, geschweige denn, sich darum zu kümmern. Zudem gibt es so viele große Entscheidungen, über die wir uns nicht einig sind. Offenbar können wir unsere Konflikte nicht lösen und überwinden. Das frustriert mich, und ich habe das Gefühl, dass nichts je funktionieren wird. Meine Gedanken führen mich auf direktem Weg in den Kritikersumpf.«

»Sie werden zwar nie ausschließlich im Lernmodus sein oder ein Heiliger werden – auch nicht im Zusammensein mit Ihrem Team –, aber Sie können sich entscheiden, worauf Sie Ihre Aufmerksamkeit in jedem einzelnen Moment richten. Sobald Sie Ihre Aufmerksamkeit für den Kritikermodus nutzen, steht sie Ihnen nicht mehr für den Lernmodus zur Verfügung. Den inneren Kritiker akzeptieren, den Lernmodus praktizieren. Das sollten Sie sich fest einprägen. Es ist ebenso wichtig für Teams wie für jeden Einzelnen.«

Den inneren Kritiker akzeptieren, den Lernmodus praktizieren. Das ist ebenso wichtig für Teams wie für jeden Einzelnen!

»Deshalb sind Alexas Meetings also so toll«, überlegte ich. »Sie bieten, wie Sie gesagt haben, eine Lernatmosphäre. Sie schenkt uns stets ihre volle Aufmerksamkeit, und das, was wir zu sagen haben, scheint ihr wirklich wichtig zu sein. Sollte sie je auf den Kritikerpfad geraten, ist es sicher nur ein flüchtiger Abstecher.« Plötzlich wurde mir etwas klar. »Sie stellt *ausschließlich* Lernfragen, und zwar viele davon. Außerdem wette ich, dass sie von jedem, der sie kennt, eine nahezu perfekte Bewertung für ihre Fragen und ihr aufmerksames und anteilnehmendes Zuhören bekommt. Daher wird sie wohl auch als sogenannter *Inquiring Leader* bezeichnet, als Führungskraft, die nachfragt, nicht wahr?«

»So ist es«, bestätigte Joseph. »Alexa ist ehrlich daran interessiert, was die Mitarbeiter zu sagen haben. Sie stellt nicht nur Lernfragen, sondern hört auch mit Lernohren zu. Beim Zuhören konzentriert sie sich auf Fragen wie etwa: *Was ist daran wertvoll? Was kann man aus diesem Kommentar lernen? Auf welche Weise kann das zu unserer Arbeit beitragen?* Die Fragen, die sie sich beim Zuhören stellt, helfen ihren Teams dabei, sich sehr schnell in Lernteams zu verwandeln. Sie geht davon aus, den Schatz zu finden, nach dem sie sucht, und daher gelingt ihr das auch häufig. Die Choice Map kann Ihnen helfen, das ebenfalls bei Ihrem Team zu erreichen. Betrachten Sie die Karte noch einmal. Bisher haben wir sie als Anleitung dafür gesehen, wie eine *Einzelperson* denkt, handelt und mit anderen Menschen umgeht. Nun wollen wir sie als Anleitung für *Teams* betrachten. Beginnen Sie, Teams daher als Lern- oder Kritikerteams zu sehen. Lernteams erbringen in der Regel Spitzenleistungen, Kritikerteams liefern dagegen meistens schwache Leistungen ab. Wissen Sie, was Wissenschaftler herausgefunden haben, als sie untersuchten, was leistungsstarke Teams von leistungsschwachen unterscheidet?«

Etwas in mir wollte das nicht einmal wissen. Aber ein anderer Teil von mir war neugierig. Dennoch beschloss ich, nicht zu raten: »Nein, was denn?«, fragte ich.

»Die leistungsstarken Teams hatten mehr positive Emotionen als die leistungsschwachen. Das ist keine große Überraschung. Allerdings war Folgendes für mich erkenntnisreich: Die leistungsschwachen Teams *hinterfragten* wenig – sie stellten also nur selten Fragen – und waren große *Meinungsverfechter* – das heißt, sie drückten lieber eine bestimmte Sichtweise durch, anstatt anderen zuzuhören.«

»Letztlich läuft es also auf Folgendes hinaus«, schlussfolgerte ich, »wenn man gute Leistungen erzielen will, sollte man sich auf den Lernmodus konzentrieren.«

»Ja«, sagte Joseph. »Aber das ist noch nicht alles. Die Studie zeigte auch, dass leistungsstarke Teams stets eine gute Balance zwischen dem Hinterfragen und dem Verfechten von Meinungen haben. Sie hinterfragen und verfechten ihre Standpunkte dabei aus einem *Lernmodus* heraus. Die Leute fühlen sich also frei, schwierige Fragen zu stellen, und führen ehrliche und offene Diskussionen. Selbst wenn sie Auseinandersetzungen und Konflikte austragen, bleibt im Wesentlichen eine Lernatmosphäre erhalten.«

»Genau das geschieht auch bei Alexas Meetings«, bemerkte ich. »Das ist toll!«

»Alexa bezeichnet dies als Lernallianz«, fügte Joseph hinzu. »Dazu kommt es, wenn die Teammitglieder zusammenarbeiten, um auf dem Lernpfad zu bleiben. Genau das Gegenteil geschieht, wenn Mitglieder eines Teams auf den Kritikermodus umschalten und es letztlich zu einer Kritiker-Konfrontation kommt. In diesem Fall verfechten alle nur ihre eigene Meinung. Jeder ist überzeugt davon, er sei der Einzige, der recht hat. Keiner hat ein offenes Ohr für die Ideen der anderen. Es ist, als wären alle gemeinsam im *Kritiker-Gefängnis*. Nichts geht vorwärts, und jeder sucht die Schuld bei den anderen. Das sind die wahren Kosten, wenn der Kritikermodus von einem Team Besitz ergreift.«

Wenn Teammitglieder zusammenarbeiten, um auf dem Lernpfad zu bleiben, bilden sie eine Lernallianz.

Vor meinem inneren Auge sah ich die Choice Map und konnte mir gut vorstellen, wie Alexas gesamtes Team fröhlich auf dem Lernpfad entlangjoggte, nachdem es seine Reise mit Lernfragen begonnen hatte. Die Leute konnten sich frei auf neue Lösungen und Möglichkeiten konzentrieren. Alexas Team galt sicherlich als leistungsstark. Und mein Team? Die meisten meiner Mitarbeiter befanden sich im unteren Teil der Karte und hingen im Schlamm des Kritikersumpfes fest. Und ich hatte sie dorthin gebracht! Ich gab es nur ungern zu, aber die meiste Zeit war ich ein Abteilungsleiter im Kritikermodus. Doch der einzige Weg, mein Team aus dem Sumpf herauszuholen, bestand darin, diese Tatsache zu akzeptieren.

»Ich bin genau das Gegenteil von Alexa«, murmelte ich. »Sie erzeugt offenbar beinahe automatisch eine harmonische Lernatmosphäre.«

»Das war nicht immer so«, bemerkte Joseph. »Anfangs steckte sie, wie die meisten von uns, automatisch mehr im Kritikermodus. Wenn wir das Blatt wenden und automatisch mehr im Lernmodus sein möchten, müssen wir uns dies in der Regel vornehmen und uns darum bemühen. Wir trainieren quasi freiwillig unseren Geist, damit er Dinge tut, die er nicht automatisch beherrscht. Es ist wie bei vielen anderen Dingen, zum Beispiel, wenn wir lernen, Auto oder Fahrrad zu fahren oder mit einem Computer umzugehen: Dafür ist zunächst eine hohe Konzentration erforderlich, aber bald tun wir es automatisch.«

»Das sind viele neue Informationen«, sagte ich. »Als ich zum ersten Mal in Ihr Büro gekommen bin, war ich, ehrlich gesagt, auf eine schnelle Lösung aus. Was Sie mir anbieten, ist offensichtlich viel umfassender.«

Joseph nickte.

»Könnten Sie das Ganze nicht auf ein paar kurze Ratschläge reduzieren?«, sagte ich scherzend.

»Wie oft nehmen Menschen einen Rat an?«

Natürlich hatte er recht. »Ich bin sicherlich ein Experte darin, Ratschläge nicht zu befolgen.«

»Sind wir das nicht alle?«, anwortete Joseph. »Obwohl es mir schwerfällt zu widerstehen, versuche ich, keine Ratschläge zu erteilen. Wenn ich gute Fragen stelle, sind die Leute schlau genug, um die besten Antworten selbst zu finden. Unser eigener Rat ist ohnehin der einzige, auf den die meisten von uns hören und den sie befolgen … Aber ich habe einen Vorschlag für Sie, Ben«, sagte Joseph mit seinem typisch schelmischen Lächeln. »Möchten Sie ihn hören?«

»Klar«, antwortete ich – und wir lachten beide.

»Alexa ist ein großartiges Beispiel für das, woran Sie und ich arbeiten. Sie hat viele ähnliche Dinge durchgemacht wie Sie und war letztlich deshalb in der Lage, so viel zu erreichen. Wenn Sie Alexa das nächste Mal treffen, sollten Sie sie bitten, Ihnen von ihren Erfahrungen zu berichten. Das macht sie sicherlich gern.«

Guter Vorschlag!, dachte ich. Dann fragte ich Joseph, ob es noch andere Dinge gab, die ich mit Alexa besprechen sollte.

Joseph nickte. »Ja, es gibt noch etwas. Alexa hat eine fantastische QT-Übung entwickelt, die sie als Q-Storming® bezeichnet. Es ist eine Art Brainstorming. Allerdings sucht man nach neuen Fragen anstatt nach Antworten und Ideen. Bitten Sie sie darum, Ihnen das Q-Storming zu erklären. Dazu gibt es auch ein Tool in Ihrem Arbeitsbuch. Alexa zufolge war es der Katalysator für viele ihrer wichtigsten Durchbrüche.«

Das klang in der Tat sehr interessant – und vielversprechend. An diesem Punkt beendeten Joseph und ich unser Gespräch an diesem Tag.

Ein paar Minuten später war ich unten auf der Straße und durchquerte den Park gegenüber dem Pearl Building. Dort kam ich zu einem großen Spielfeld, auf dem ein älterer Junge einem jüngeren das Fahrradfahren beibrachte. Ich blieb stehen, um den beiden zuzusehen. Trotz einiger Stürze und Beinahe-Unfälle machte es ihnen Spaß. Anfeuernde Rufe waren zu hören, zusammen mit verzweifelten Schreien, wenn der kleinere Junge wieder einen Fehler machte und stürzte. Jedes Mal, wenn das passierte, eilte der Ältere dem Jüngeren zur Seite, um ihm zu helfen und ihn zu ermutigen, es noch einmal zu versuchen.

Schließlich begriff es der kleinere Junge. Er fuhr los und legte etwa 20 Meter zurück. Der größere Junge rannte ihm hinterher und jubelte laut johlend. Ich ertappte mich bei dem folgenden Gedanken: *Warum konkurrieren Erwachsene so schrecklich miteinander? Warum sind sie so unkooperativ und versuchen stets, den anderen bloßzustellen? Warum muss ich mich mit Leuten wie Charles herumärgern?* Ich wurde wütend.

Ich warf noch einen letzten Blick auf die Kinder, bevor ich ins Auto stieg. Die beiden standen lachend neben dem Fahrrad. Ihre Gesichter sprachen Bände. Der Kleinere strahlte vor Begeisterung, dass er etwas Neues gemeistert hatte. Und dieses Erlebnis löste die universale *Ich-hab's-geschafft-Reaktion* aus, die – das muss ich zugeben – stets ein Glücksgefühl bei mir zur Folge hat. Ich griff nach dem Zündschlüssel und dachte: *Wäre es nicht toll, wenn unser Team genauso zusammenarbeiten könnte wie diese beiden Kinder? Was wäre erforderlich, damit das passiert – um diese* Ich-hab's-geschafft-Reaktion *immer wieder zu erzeugen?*

In diesem Moment wurde mir klar, dass ich etwas getan hatte, was immer noch ziemlich neu für mich war. Ich hatte Kritikerfragen in Lernfragen umgewandelt. *Nicht schlecht*, dachte ich. Vor lauter Aufregung lief mir ein Schauer den gesamten Rücken hinunter. Offenbar waren die Kinder nicht die Einzigen, die sich über die *Ich-hab's-geschafft-Reaktion* freuen konnten. Ich konnte es gar nicht erwarten, Joseph davon zu berichten. Vielleicht konnte ich Alexas Beispiel tatsächlich folgen – und mein Team in ein Lernteam verwandeln, indem ich zu einem Abteilungsleiter im Lernmodus wurde. Der Inquiring Coach, wie Alexa Joseph nannte, hatte tatsächlich etwas bei mir in Gang gebracht! Ich wollte herausfinden, welche Trümpfe Joseph noch im Ärmel hatte. Allmählich schöpfte ich Hoffnung, dass es vielleicht doch noch nicht zu spät war, meine Karriere zu retten.

Kapitel 9

Wenn die Magie funktioniert

Jedes Selbstbild ist wie eine Welt für sich.

Carol S. Dweck

Ein paar Tage später erzählte mir meine Frau beim Frühstück, wie es mit Jennifer weitergegangen war, der jungen Frau, mit der sie in der Arbeit so große Probleme hatte. Grace entschuldigte sich sogar bei mir dafür, dass sie mich an jenem Tag angerufen hatte, nur um Dampf abzulassen.

»Ich habe die Choice Map den ganzen Tag auf meinem Schreibtisch liegen lassen«, sagte Grace. »Zwei Lernfragen sprangen mir immer wieder ins Auge – *Was will ich, für mich selbst, für andere, für die Situation? Und Was sind meine Optionen?* Als ich mir diese Fragen in Bezug auf Jennifer stellte, wurde mir klar, dass ich mir wünschte, sie würde ihren gesunden Menschenverstand mehr einsetzen und mehr Initiative zeigen. Also probierte ich ein paar neue Fragen aus. Ich fragte mich: *Warum braucht Jennifer so viele Anweisungen von mir?* Da ich es nicht wusste, wurde ich sehr neugierig. Hatte sie Angst davor, selbstständig zu arbeiten? Oder befürchtete sie, von mir gefeuert zu werden, wenn sie einen Fehler machte? Ich fragte mich auch, ob ich sie vielleicht unterschätzt hatte. Als sie sich das nächste Mal Hilfe suchend an mich wandte, stellte ich ihr eine Frage, anstatt ihr lediglich Anweisungen zu geben. Ich fragte sie mit ehrlichem Interesse: ›Wie würden Sie das Problem lösen, wenn Sie die Chefin wären?‹

Diese eine Frage führte zu einem sehr konstruktiven Gespräch. Jennifer gestand mir, dass sie tatsächlich Angst vor mir hatte. Wenn sie nicht genau das tat, was ich von ihr erwartete – so dachte sie –, würde ich sie feuern. So war es ihr mit ihrem letzten Chef ergangen, und das wollte sie nie wieder erleben. Unser Gespräch veränderte alles. Sie erzählte mir, sie könne nun mit einem viel besseren Gefühl die Initiative ergreifen und selbstständig arbeiten. Außerdem hatte sie einige sehr gute Ideen, um das anstehende Problem zu lösen. Sie war offensichtlich sehr zufrieden mit sich. Ich beglückwünschte sie – und sagte ihr, wie froh ich über unsere verbesserte Kommunikation sei.

Ich bin wirklich überrascht und glücklich. Und weißt du was? Ich habe mich am Ende des Tages viel besser gefühlt, weil ich Lernfragen gestellt habe. Ich weiß jetzt, wie unfair ich gegenüber Jennifer war. Ich dachte, sie wäre inkompetent und würde deshalb all die Fragen stellen. Doch das stimmt überhaupt nicht. Sie war lediglich der Meinung gewesen, alles genau mit mir besprechen zu müssen, bevor sie irgendetwas unternehmen konnte. So hatte sie keinerlei Raum, um kreativ zu werden oder auf irgendeine andere Weise die Initiative zu ergreifen.«

Ich war erleichtert, dass Grace mich nach ihrem Bericht über ihren Durchbruch mit Jennifer nicht fragte, was ich mithilfe von Josephs Ideen erreicht hatte. Meine Einstellung hatte sich zwar tatsächlich etwas verändert, und ich war zuversichtlicher statt nur resigniert. Aber ich konnte noch nicht viel vorweisen. Und mein Team war für mich nach wie vor ein Alptraum.

Als ich schließlich von zu Hause aufbrach, hatte ich mindestens 20 Minuten Verspätung. Der Verkehr staute sich auf der

Autobahn. Eine Meile nach der Auffahrt hatte sich die Autobahn quasi in einen Parkplatz verwandelt. Die Autos krochen, soweit ich es sehen konnte, auf allen vier Spuren im Schneckentempo dahin. Ich war außer mir. Ich bemerkte nicht einmal, dass mein innerer Kritiker sich eingeschaltet hatte. Zumindest nicht sofort.

Dann kam der Verkehr komplett zum Erliegen. Ich knirschte mit den Zähnen, stellte den Schalthebel auf die Parkposition und zog mein Handy heraus, um meine Nachrichten abzurufen. Meine Sekretärin hatte mir mehrere Erinnerungen per SMS geschickt, die meinen Stress nicht gerade reduzierten. Mir war angesichts der Besprechung mit Alexa an diesem Morgen bereits etwas mulmig zumute, und vor dem Treffen mit Charles am Nachmittag graute es mir regelrecht. Ich war für keine der beiden Begegnungen bereit, am wenigsten für letztere.

Ich schlug frustriert mit der Hand auf das Lenkrad und schimpfte über den Dummkopf, dem das Benzin ausgegangen war und der nun der halben Stadt den gesamten Tag ruiniert hatte. *Welcher Idiot war dafür verantwortlich? Hatte einer vergessen zu tanken? War es denn so schwer, für einen vollen Tank zu sorgen? War diesem Blödmann denn nicht bewusst …*

Ich hatte das Gefühl, als würde mein Kopf bald platzen, wenn der Verkehr sich nicht bald wieder in Bewegung setzte. Mein ganzer Körper verspannte sich immer mehr. Es war, als würde ein elektrischer Impuls in jeden Muskel hineinschießen. Diese körperlichen Empfindungen kannte ich nur zu gut. In der Regel spürte ich eine Anspannung in den Bein- und Rückenmuskeln, so als würde ich mich auf einen Kampf oder die Flucht vorbereiten – oder auf beides gleichzeitig, wenn das möglich war. Aber jetzt steckte ich hier im Stau fest. Es ging nichts mehr vorwärts … dabei musste ich unbedingt ins Büro.

Plötzlich unterbrach ich mich. *Ben, du bist extrem im Kritikermodus*, sagte ich laut zu mir selbst. Meine Stimme wurde vom Geräusch des Motors im Leerlauf gedämpft. Und dann musste ich tatsächlich über mich selbst lachen. Mein Beobachter-Selbst kam zu Hilfe! Konnte der Kritikermodus wirklich all diese extrem unangenehmen körperlichen Symptome auslösen? Verstärkte er meine Frustration und Wut? Mein Zorn war nicht nur in meinem Kopf spürbar. So viel war sicher. Vielleicht hatte er als Gedanke oder Gefühl begonnen, aber dann hatte der Kritikermodus zweifellos meinen gesamten Körper im Griff. Ich konnte ihn beinahe spüren, wie er meinen Geist vernebelte.

Etwa zu diesem Zeitpunkt hörte ich eine Sirene, und ein paar Minuten später raste ein Krankenwagen auf der Standspur vorbei. Ein Unfall! Ich schaltete das Radio ein, um die Verkehrsdurchsage zu hören. Zwei Menschen waren schwer verletzt. Oh je! Es war mir ziemlich peinlich, dass ich sofort angenommen hatte, irgendein Idiot hätte kein Benzin mehr. Der eigentliche Idiot war ich selbst! Nun verlagerte sich meine Aufmerksamkeit auf die Verletzten. Ich hoffte, dass es ihnen bald wieder gut gehen würde. Warum regte ich mich angesichts einer Geschichte, die ich mir selbst zusammenfantasiert hatte, nur so auf? Ich fühlte mich etwas weniger gestresst, als ich mich gedanklich auf die Opfer des Unfalls konzentrierte: *Würden sie rasch genug Hilfe bekommen? Hatten sie Schmerzen? Wie würde sich der Unfall auf ihr Leben auswirken?*

Zehn Minuten später bewegte sich der Verkehr immer noch nicht vorwärts, und ich fühlte mich erneut frustriert und gestresst. Außerdem drängten sich negative Vorahnungen angesichts der Besprechung mit Charles auf. Meine Gedanken rasten wild im Kopf herum und verstärkten meinen seit Langem gehegten Verdruss ihm gegenüber. In dieser Hinsicht benötigte ich gewiss Hilfe. Was würde Joseph mir dazu wohl sagen? Innerlich hörte ich seine Stimme, die mich daran erinnerte, wie wichtig es war, meine Fragen zu verändern, vor allem in Bezug auf Charles und mein Team.

Tags zuvor hatte Joseph mich dazu aufgefordert, mich in einer realen Situation von der Kontrolle durch den inneren Kritiker zu befreien. Das Treffen mit Charles an diesem Nachmittag war äußerst real. Aber welche Fragen würden mir helfen, meinen *Kritikergeist,* wie Grace es nannte, zu überwinden? Welche Lernfragen konnten mir bei Charles weiterhelfen? Plötzlich bewegte sich die Autoschlange etwa 100 Meter vorwärts, bevor alles erneut stoppte. In dieser kurzen Zeit erkannte ich, dass ich mich mit diesen Fragen bereits auf den Wechselpfad begeben hatte.

Joseph hatte mich immer wieder an Folgendes erinnert: Sobald ich mich im Kritikermodus ertappte, sollte ich mich dafür beglückwünschen, aufmerksamer geworden zu sein. Dann sollte ich einen Schritt zurücktreten und herausfinden, welche Fragen ich an mich richtete. In diesem Moment drängte sich mir die Frage auf, *wie ich aus dieser Situation wieder herauskommen konnte.* Doch offensichtlich hatte ich diesbezüglich keine große Wahl. Ich steckte fest, bis der Verkehr wieder ins Rollen kam. Dann fiel mir eine andere Bemerkung von Joseph ein: »Wir haben keinen großen Einfluss auf das, was geschieht, aber wir können uns entscheiden, wie wir damit umgehen.« Fast augenblicklich kam mir eine andere Frage in den Sinn: *Was kann ich jetzt tun, um diese Zeit bestmöglich zu nutzen?*

Wir haben keinen großen Einfluss auf das, was geschieht, aber wir können uns entscheiden, wie wir damit umgehen.

Es dauerte nur eine Sekunde, eine Antwort darauf zu finden. Ich schnappte mir das Handy vom Beifahrersitz und scrollte zu Josephs Nummer. Er meldete sich sofort.

»Hier ist Ben«, sagte ich. »Hätten Sie eine Minute Zeit? Ich stecke im Stau und drehe etwas durch.«

Joseph schwieg kurz und sagte dann lachend: »Haben Sie es schon mit *Beam mich rauf, Scotty* versucht?«

»Woher wussten Sie, dass ich ein Raumschiff-Enterprise-Fan bin?«, erwiderte ich ebenfalls lachend. Fast augenblicklich heiterte sich meine Stimmung auf.

»Ich habe heute Nachmittag eine Besprechung mit Charles«, erklärte ich Joseph. »Und ich muss den Lernmodus aktivieren, wenn die geringste Chance für ein gutes Gespräch bestehen soll – das ist mir klar. Aber ich befürchte, dass ich es vermasseln werde. Womit soll ich anfangen?«

»Gute Frage«, antwortete Joseph. »Können Sie sich etwas notieren?«

»Klar«, sagte ich. »Schießen Sie los.«

Während ich im Stau stand, diktierte Joseph mir drei Fragen, die ich in mein Smartphone eingab: *Wovon gehe ich aus? Wie kann ich anders darüber denken? Was denkt, fühlt und will der andere?* Joseph erklärte mir, dass diese Fragen zu den *Top 12 der Erfolgsfragen* gehörten, einem der Tools, die ich in dem QT-Arbeitsbuch finden würde.

Ich betrachtete die erste Frage: *Wovon gehe ich aus?* Das war ziemlich leicht zu beantworten. Was Charles betraf, ließen sich meine Vermutungen nicht vermeiden. Ich hatte ihn bei einer großen Karrierechance aus dem Rennen geworfen. Leute in einer solchen Situation können gefährlich sein. Es wäre töricht gewesen, nicht vor ihm auf der Hut zu sein. Nichts hätte Charles glücklicher gemacht, als mich scheitern zu sehen, dessen war ich mir sicher.

Außerdem würde er tun, was er konnte, damit genau das passierte. Dann würde er meine Position übernehmen und hätte erreicht, was er wollte. Wer würde sich vor so jemandem nicht in Acht nehmen?

Natürlich waren das nur Vermutungen. Das leugnete ich nicht. Aber in manchen Situationen war es am sichersten, sich auf die eigenen Einschätzungen zu verlassen, und diese Situation gehörte dazu. Bisher waren meine Probleme mit Charles nur zu real gewesen. Doch während ich über all das nachdachte, ließ mir etwas keine Ruhe, das ich in der Übersicht zum Lern- und Kritikermodus gelesen hatte: *Verteidigte ich meine Hypothesen, anstatt sie zu hinterfragen?* Obwohl mich das noch beschäftigte, wandte ich mich Josephs zweiter Frage zu: *Wie kann ich anders darüber denken?* Etwas, das Grace gesagt hatte, fiel mir plötzlich ein – wie sehr ihre Vorurteile gegenüber Jennifer ihrer Beziehung geschadet hatten. Grace hatte die Choice Map genutzt, um anders mit Jennifer umzugehen. Würde mir das auch bei Charles gelingen?

Ich begann, mir über andere Möglichkeiten Gedanken zu machen. Was würde zum Beispiel passieren, wenn ich meine Meinung über Charles überdachte? Was, wenn seine Fragen gar nicht darauf abzielten, mich bloßzustellen, wie ich vermutete? Was, wenn er nur sichergehen wollte, dass wir für alle Eventualitäten gewappnet waren? Dann fiel mir ein, was Joseph mir über leistungsstarke Teams gesagt hatte, über ihren ausgewogenen Ansatz, Dinge einerseits zu hinterfragen und ihren Standpunkt andererseits zu vertreten. Was, wenn

Charles' endlose Fragerei lediglich seine Art war, fundiertere Diskussionen zu fördern? Möglicherweise sah ich Charles etwas zu positiv, aber vielleicht war es tatsächlich gerechtfertigt. Je mehr ich über andere Möglichkeiten nachdachte, die Situation zu betrachten, desto unsicherer wurde ich bezüglich meiner bisherigen Meinung.

Ich beschloss, bei der Besprechung mit Charles an diesem Nachmittag etwas Neues auszuprobieren. Gleich zu Anfang würde ich meine Vermutung außen vor lassen, dass er meinen Job haben und mich sabotieren wollte. Stattdessen würde ich versuchen, objektiv zu sein, und – wie Joseph es mir vorgeschlagen hatte – davon ausgehen, dass ich nicht alles wusste, anstatt zu meinen, ich müsste auf alles eine Antwort haben. Sobald mir dieser Gedanke durch den Kopf gegangen war, kamen mir sofort neue Ideen. Obwohl Josephs Theorien mich noch nicht völlig überzeugten, war ich zum ersten Mal bereit, Charles im Zweifel in einem positiveren Licht zu sehen. Das war großartig. Ich hatte tatsächlich etwas Neues entdeckt, das innovativ war und das ich konkret *tun* konnte.

Als ich gerade über Josephs dritte Frage nachdenken wollte – *Was denkt, fühlt und will der andere?* –, setzte sich der Verkehr zentimeterweise wieder in Bewegung. Ich stellte die Frage zurück. Aber selbst beim Fahren kamen mir neue Möglichkeiten in den Sinn. Wenn Charles lediglich nachhakte, was wollte oder brauchte er dann von mir? Ich erinnerte mich an ein Gespräch, das wir an meinem ersten Tag im neuen Job geführt hatten. Er hatte zu mir gesagt: »Ich bin enttäuscht, dass ich nicht befördert worden bin, das muss ich zugeben. Dies ist ein tolles Unternehmen, und meiner Familie gefällt diese Stadt. Ich möchte nicht, dass sie meinetwegen umziehen muss. Ich werde alles tun, was ich kann, um dieses Unternehmen erfolgreich zu machen.«

Seine Bemerkung, er werde alles dafür tun, um das Unternehmen erfolgreich zu machen, beschäftigte mich immer noch. Was genau hatte er damit gemeint? Ich hatte vermutet, er würde unter anderem versuchen, meinen Job zu ergattern. Hatte ich seine Absicht möglicherweise falsch interpretiert? Konnte ich seine Aussage auch anders deuten?

Ich kam viel zu spät im Büro an. Nur knapp zehn Minuten vor meiner Besprechung mit Alexa setzte ich mich an den Computer und gab ihren Namen und den Titel der Zeitschrift ein, die ich in Josephs Ruhmeshalle gesehen hatte. Der Artikel über sie erschien sofort auf dem Bildschirm.

Bereits bevor wir uns bei KB begegnet waren, hatte das ›Fast Company Magazine‹ Alexa zur Frau des Jahres ernannt. Ich überflog die Geschichte rasch. Darin wurde berichtet, dass Alexa, unmittelbar nachdem das Unternehmen Insolvenz angemeldet hatte, als Geschäftsleiterin bei KB eingestiegen war. Sie war engagiert worden, um die Firma neu aufzustellen. Alle hatten ihr davon abgeraten. Wenn sie nicht erfolgreich war, konnte das ihre Karriere ruinieren. Sie ging das Risiko ein, erreichte das Unmögliche, und drei Jahre später führte sie das Unternehmen auf dem globalen Markt ein.

Ich übersprang ein paar Absätze. Alexas eigenen Worten zufolge verdankte sie ihren Erfolg der Tatsache, dass sie »einfach die Art der Fragen geändert hatte«, die sie stellte. Im nächsten Absatz nannte sie ihren persönlichen Coach und Mentor: Joseph S. Edwards. Wen sonst?

Kurz nachdem ich den Artikel gelesen hatte, saß ich in Alexas Büro. Obwohl ich eigentlich mit ihr über ihre Erfahrungen mit Joseph und dem Q-Storming reden wollte, siegte meine Neugier, und daher befragte ich sie zu dem ›Fast-Company‹-Artikel. »Sie haben mir nie erzählt, dass Sie zur *Frau des Jahres* gekürt wurden«, sagte ich.

»Ach ja. Die haben mich als *Inquiring Leader* bezeichnet. Ich glaube, mein Interviewer hatte noch nie von einem CEO gehört, der Wert darauf legt, viele Fragen zu stellen. Das war ihm völlig neu!« Angesichts dieser Erinnerung lachte sie leise. »Eigentlich ist es so einfach. Die meisten Führungskräfte reden vorwiegend, anstatt Fragen zu stellen. Deshalb erfahren sie nie, was wirklich los ist. Allzu häufig basieren ihre Entscheidungen in Bezug auf Strategien und sogar bezüglich ihrer Mitarbeiter auf unzureichenden und fehlerhaften Informationen.«

»Sie stellen lediglich vage Vermutungen an, die sie nie überprüfen«, fügte ich hinzu.

»Genauso ist es. Das hat mich schlichtweg nicht überzeugt.«

Ich hörte Josephs Lehren aus ihren Worten heraus, aber was sie sagte, klang auch bei ihr sehr authentisch.

»Joseph und ich haben über den Lern- und Kritikermodus sowie über die Choice Map gesprochen«, sagte ich. »Er erzählte mir, ich sei nicht die einzige Person, die je Probleme mit dem inneren Kritiker hatte.« Ich betrachtete sie aufmerksam, um sicherzugehen, dass sie sich nicht an dem störte, was ich sagte. Sie lächelte, daher fuhr ich fort: »Er hat mir vorgeschlagen, Sie nach Ihren Kritikerproblemen in Ihrem früheren Unternehmen zu fragen. Welche Kritikerfragen haben Sie dort anfangs gestellt?«

»Im Rückblick ist das Ganze so offensichtlich, dass ich fast darüber lachen muss. Ich stellte zum Beispiel Fragen wie: *Wer hat Schuld an unserer verfahrenen Situation?* Nachts lag ich wach und versuchte mir darüber klar zu werden, wen ich zuerst entlassen sollte – und befürchtete, dass es vielleicht sogar mich selbst treffen könnte. Dann begann ich eines Tages, mit Josephs Hilfe, neue Fragen zu entwickeln. Ich glaube, die erste lautete: *Wie kann ich vermeiden, so viele Fehler zu machen?*

Joseph hielt das für einen guten Anfang, aber er meinte, ich könne mir noch etwas Besseres einfallen lassen.«

»Sie meinen, eine stärkere Lernfrage?«

»Genau«, antwortete Alexa. »Und dann kam ich auf die Frage *Wie können wir auf unseren Stärken und Erfolgen aufbauen?* Ich nahm diese Frage sehr ernst und stellte sie ständig. Damit brachte ich alle wieder auf die richtige Spur. Meine Kritikerfragen hatten alles schwieriger gemacht. Unser Unternehmen war von einer starken Kritikerkultur geprägt gewesen. Sie raubte uns Energie, machte unseren Enthusiasmus zunichte, spaltete uns und ließ uns stets nach einem Schuldigen suchen – kurz, der Kritikermodus brachte uns von unserem zielgerichteten Weg ab, sodass wir uns gleichzeitig in alle möglichen Richtungen bewegten, was nicht sehr produktiv war. Die neue Lernfrage weckte unser Interesse und lud uns dazu ein, gemeinsam auf positive, fokussierte und kreative Weise aktiv zu werden. Joseph empfahl mir, mithilfe der neuen Frage eine Lernkultur aufzubauen, und genau das hatte ich vor. Schon bald leiteten wir auf beeindruckende Weise eine positive Wende ein. Bis zu diesem Zeitpunkt war mir nicht bewusst gewesen, welch große Wirkung Fragen haben und wie sie uns zum Scheitern oder zum Erfolg führen können. Es war eine wichtige Veränderung für mich und das gesamte Unternehmen.«

»Warum konnte diese neue Frage zu solch enormen Veränderungen führen?«, hakte ich nach.

»Vielleicht wird das anhand eines Beispiels, das Joseph mir erzählt hat, klarer. Darin ging es um eine Studie, die mit zwei vergleichbaren Basketballteams durchgeführt worden war. Beim Coaching von Team A lag der Fokus darauf, Fehler auf dem Spielfeld zu vermeiden. Tag für Tag sahen sich die Spieler Videos an, die vorwiegend ihre Fehler zeigten. Diese prägten sich fest in ihrem Gedächtnis ein. Im Gegensatz dazu lag der

Schwerpunkt des Coachings bei Team B darauf, auf den eigenen Erfolgen aufzubauen. Jeden Tag sahen sich die Spieler Videos an, die ihre erfolgreichsten Spiele zeigten. Also prägten sich bei diesem Team die Erfolge ein.

Team A konzentrierte sich auf das, was schlecht lief. Team B fokussierte sich auf das, was gut funktionierte. Sicherlich erraten Sie, welches Team sich am Ende der Saison am meisten verbessert hatte.«

»Natürlich dasjenige, das sich auf die eigenen Erfolge konzentriert hatte.«

»Genauso ist es«, bestätigte Alexa. Die Leistungsunterschiede der beiden Teams waren erheblich. Team A hatte sich am Ende der Saison sogar etwas verschlechtert. Team B hatte sich dagegen um fast 30 Prozent verbessert. Mehr brauchte es nicht, um mich von der Kraft der richtigen Fragen zu überzeugen. Ich wandte die gleichen Prinzipien auf unser angeschlagenes Unternehmen an, und infolgedessen kam es zu dramatischen Veränderungen. Nicht nur unsere Produktivität erhöhte sich, es war auch angenehmer, zur Arbeit zu gehen, es machte sogar Spaß. Unsere Arbeitsmoral und Kreativität bekamen einen enormen Schub. Im gesamten Unternehmen war ein größeres Engagement spürbar. Alle begannen, Lernprinzipien anzuwenden und auf Lernfragen umzuschalten – da der Lernmodus einen Lernmodus fördert. Und all das geschah innerhalb von Monaten anstatt von Jahren. Ich glaube, den Rest der Geschichte haben Sie vorhin gelesen.«

Alexa machte eine Pause, als sie sich an diese Zeit in ihrem Leben erinnerte. »Gibt es etwas Natürlicheres oder Naheliegenderes, als *einfach zu fragen*? Wie sollte man sonst ein umfassendes Bild davon bekommen, was los ist? Wie sollte man die Mitarbeiter sonst dazu bringen, sich mit einer solchen Begeisterung einzubringen? Was sonst würde ihnen das Gefühl vermitteln, dass sie respektiert werden – und dass das, was sie sagen, tatsächlich ernst genommen wird? Würden wir ohne Neugier je etwas Neues entdecken, lernen oder erschaffen? Die Neugier ist eine unserer größten Stärken. Sicherlich hat Joseph das Ihnen gegenüber betont. Die Neugier ist die Überholspur zum Lernpfad. Sie ist der Premium-Treibstoff für Fortschritt und Veränderung!«

Die Neugier ist die Überholspur zum Lernpfad.

Während Alexa sprach, erkannte ich immer deutlicher, wie wichtig es war, meine Vorurteile gegenüber Charles zu hinterfragen. *Machten meine Kritikerfragen mich bei Charles blind gegenüber wichtigen Dingen? Wusste ich tatsächlich, warum er so viele Fragen stellte?* Bevor ich mich bremsen konnte, platzte ich schon mit den Worten heraus:

»Er stellt mir die Fragen nur, weil er neugierig ist. Er möchte mich verstehen!«

Alexa sah mich verwundert an. »Wovon in aller Welt sprechen Sie?«

»Entschuldigen Sie bitte, Alexa. Ich habe lediglich laut gedacht«, antwortete ich. »Unser Gespräch hat mich bezüglich meines Teams und unseres Projekts auf eine zündende Idee gebracht.«

»Es sieht ganz so aus, als wären Sie auf dem richtigen Weg«, sagte Alexa nickend. »Ich bin zuversichtlich, dass Ihre neuen Fragen zu wahren Fortschritten führen werden.«

In Gedanken kehrte ich zu meinem Gespräch mit Grace heute früh zurück. Als sie versucht hatte, eine Lösung für die Situation mit Jennifer zu finden, hatte Grace sich eine Reihe von Fragen gestellt, um Jennifer besser zu verstehen. Ich hatte mich in Bezug auf meine Kollegen noch nie gefragt: *Wie kann ich sie besser verstehen?* Sofort kamen mir andere Fragen in den Sinn: *Wie gelingt es jemandem überhaupt, einen anderen Menschen zu verstehen?* Joseph zufolge musste man sich zunächst für den anderen interessieren. Dann stellte man ihm Fragen, Lernfragen natürlich. Genau das hatte Grace bei Jennifer getan. Was verstand ich bei Charles eigentlich wirklich? Mein Interesse wuchs und mir fielen automatisch neue Fragen zu ihm ein.

Ich erinnerte mich an meine alte Frage, die ich gegenüber Joseph so stolz geäußert hatte: *Wie kann ich beweisen, dass ich recht habe?* Nun war mir klar, warum diese Frage dazu beigetragen hatte, dass mein Team mich als Besserwisser wahrnahm. Statt *Wie kann ich beweisen, dass ich recht habe?* lauteten meine Fragen nun: *Wie kann ich Charles besser verstehen? Wie kann ich mein Team besser verstehen?* Ich begann bereits, Charles und das Team in einem völlig anderen Licht zu sehen. Nicht nur die Fragen unterschieden sich erheblich voneinander. Auch meine Laune und meine Haltung gegenüber Charles veränderten sich fundamental!

Plötzlich fiel mir das Q-Storming wieder ein. »Bevor ich es vergesse«, sagte ich. »Joseph meinte, ich solle Sie zum Q-Storming befragen. Er sagte, einige Ihrer größten beruflichen Durchbrüche seien darauf zurückzuführen.«

Alexa zog die Augenbrauen hoch. Sie beugte sich lächelnd nach vorn. »Das gehört zu meinen Lieblingsthemen«, sagte sie. »Sicherlich wissen Sie, was Brainstorming ist. Q-Storming ist genauso, mit dem Unterschied, dass man nach *neuen Fragen* sucht anstatt nach Antworten. Es ist eine großartige Methode, um sich gemeinsam auf die gleichen Ziele auszurichten und neue kreative Ideen zu entwickeln. Ich habe es aus allen möglichen Gründen eingesetzt: um Entscheidungen zu fällen, Probleme zu lösen, um innovativ zu sein und sogar, um Konflikte beizulegen. In der Regel nutze ich diese Methode mit Gruppen und Teams, aber sie kann auch in Einzelgesprächen sehr hilfreich sein.«

In diesem Moment klingelte das Telefon auf Alexas Schreibtisch. »Da muss ich wahrscheinlich drangehen«, sagte sie. »Ich habe meine Sekretärin gebeten, uns nicht zu unterbrechen, es sei denn, eine bestimmte Person ruft an.« Sie griff quer über den Tisch nach dem Hörer und wechselte ein paar Worte mit ihrer Assistentin. Dann zuckte sie entschuldigend mit den Achseln, bedeckte das Mikro des Hörers mit der Hand und sagte, es sei tatsächlich der erwartete Anruf.

Auf dem Weg zurück in mein Büro war ich enttäuscht, dass ich nicht mehr über das Q-Storming erfahren hatte, aber ich war nach wie vor sehr interessiert daran. Alexa schien der lebende Beweis dafür zu sein, dass Josephs Methoden tatsächlich eine gewisse magische Wirkung hatten. Machte sich etwas davon auch schon bei mir bemerkbar? Dieser Tag hielt noch ein paar weitere Überraschungen für mich bereit, und die Person, die mich beim Q-Storming coachen würde, sollte mich am meisten überraschen.

Kapitel 10

Q-Storming als wichtige Hilfe

*Die Zusammenarbeit ist entscheidend, um nachhaltig
profunde oder wirklich tiefgreifende Veränderungen zu
erreichen, da Organisationen ohne sie einfach durch
die Kräfte des Status quo überwältigt werden.*

Peter Senge

Mir blieb weniger als eine halbe Stunde, um mich auf meinen
Termin mit Charles vorzubereiten. Daher schaltete ich auf
einen Selbstcoaching-Modus um und konzentrierte mich auf
die drei Fragen, die Joseph mir am Morgen diktiert hatte: *Wovon gehe ich aus? Wie kann ich anders darüber denken? Was
denkt, fühlt und will der andere?*«

Dann rief meine Sekretärin an und informierte mich über
Charles' Ankunft. Früher hätte ich ihn warten lassen. Doch an
diesem Tag stand ich sofort auf und begrüßte ihn an meiner
Bürotür. Wir gaben uns die Hand, und ich fragte ihn, wie es
ihm gehe. Er antwortete, es gehe ihm gut, aber er wirkte etwas
nervös. Wenigstens ging es nicht nur mir so! Als ich den Termin ursprünglich mit ihm vereinbart hatte, war ich davon ausgegangen, dass es zu einem Schlagabtausch zwischen uns
kommen würde. Aber das war vor meinen Sitzungen mit
Joseph gewesen. Seither hatte sich meine Perspektive hinsichtlich unserer Probleme erheblich verändert. Ich bot Charles

einen bequemen Stuhl an und fragte ihn, ob er einen Kaffee oder etwas anderes trinken wolle. Das musste ihn überraschen, da ich das in der Vergangenheit nie gemacht hatte. Er bedankte sich, sagte aber, dass er nichts brauche, und hielt eine kleine Wasserflasche in die Höhe, die er mitgebracht hatte.

Am Tag zuvor hatte ich über das Treffen nachgedacht und war noch einmal viele Dinge durchgegangen, die ich von Joseph gelernt hatte. Überdies hatte ich mir anhand kleiner Details ins Gedächtnis gerufen, wie Joseph und Alexa ihre Meetings mit mir gestalteten. Beide stellten viele Fragen, aber sie sprachen auch auf eine bestimmte Weise, daher fühlte ich mich in ihrer Gegenwart wohl. Sie gaben mir stets das Gefühl, auf meiner Seite zu sein, und wünschten sich offensichtlich, dass ich erfolgreich war. Beide machten meine Begegnungen mit ihnen zu Lernerfahrungen.

Joseph achtete zum Beispiel darauf, dass kein Tisch oder eine andere physische Barriere zwischen uns stand. Auf diese Weise zeigte er mir, wie sehr er sich dafür interessierte, was ich zu sagen hatte. Also probierte ich das nun auch bei Charles aus. Da so viel auf dem Spiel stand, wollte ich alles tun, was ich konnte, um für eine erfolgreiche Besprechung zu sorgen. Ich zog den Stuhl, der hinter dem Tisch stand, nach vorn und platzierte ihn so, dass Charles und ich uns in der Nähe des Fensters gegenübersaßen. Ohne den Tisch zwischen uns, der meine Autorität untermauerte, fühlte ich mich etwas ungeschützt. Charles fühlte sich anfangs offenbar auch etwas unwohl.

»Ich mache mir große Sorgen über die Arbeit unseres Teams«, begann ich. »Wir haben wirklich Probleme. Daher würde ich gern ein paar Dinge mit Ihnen besprechen. Wäre es in Ordnung, mit ein paar Fragen zu beginnen?«

Charles nickte und wandte den Blick rasch zur Seite ab.

»Ich möchte ganz ehrlich mit Ihnen sein«, fuhr ich fort und

überlegte, wie Joseph sich ausdrücken würde. »Ich habe erkannt, dass ich möglicherweise etwas zu den Problemen beigetragen habe, die wir in unserem Team haben. Ich möchte das ändern und glaube, dass ich bei uns beiden anfangen sollte.«

Ich machte eine Pause und achtete darauf, wie Charles reagierte. Soweit ich es beurteilen konnte, hörte er mir aufmerksam zu, wenngleich er nicht gerade sehr entspannt wirkte. Wenn ich mich in seine Lage versetzte, konnte ich mir gut vorstellen, was ihm durch den Kopf ging. Ich fuhr fort: »Ich hatte Ihnen gegenüber bestimmte Vorurteile, die ich mittlerweile für falsch halte. Ich wusste zum Beispiel, dass Sie bereits seit einigen Jahren bei QTec sind und eigentlich bei dem Job, den ich bekommen habe, an der Reihe gewesen wären. Es war bestimmt nicht gerade toll für Sie, als ich hier aufgekreuzt bin. Daher nahm ich an, Sie würden nicht gern für mich arbeiten. Habe ich damit recht?«

Charles nickte. »Es war schwierig, das muss ich zugeben. Alexa hat es mir zwar schonend beigebracht und mein Gehalt gut aufgestockt, aber das macht nicht alles wett.«

Seine Antwort überraschte mich. Hatte er das Problem bereits erkannt … und etwa daran gearbeitet? Zumindest schien es mir so. Einen Moment lang ging ich etwas in die Defensive und versuchte, auf der Hut zu sein, denn wenn das stimmte, dann hätte er den Job vielleicht tatsächlich an meiner Stelle bekommen sollen.

»Wäre es umgekehrt gewesen, hätte ich wahrscheinlich ziemlich sauer reagiert«, sagte ich.

»Ich knabbere noch ein bisschen daran«, räumte Charles ein. »Ich möchte Sie etwas fragen.« Er machte eine Pause. »Wie finden Sie meine Arbeit?«

»Wenn ich bedenke, dass ich vieles auf Sie projiziert habe,

was eigentlich nichts mit Ihnen zu tun hatte, finde ich, dass Sie großartige Arbeit leisten.«

»Ich bin nicht sicher, ob ich das verstehe«, antwortete Charles.

Es fiel mir nicht leicht, an diesem Punkt weiterzusprechen. »Ich war Ihnen gegenüber etwas voreingenommen, Charles. Da ich Ihnen als Chef quasi vor die Nase gesetzt wurde, nahm ich an, dass Sie mich ablehnen und nicht in der Lage sein würden, mit mir zusammenzuarbeiten. Ich weiß nun, dass ich Sie unfair bewertet habe. Meine zweite Vermutung hatte mit all den Fragen zu tun, die Sie in unseren Meetings stellen.«

»Mit meinen Fragen?« Charles blickte vollkommen verwirrt drein. Einen Augenblick später hatte er sich etwas gesammelt und sagte: »Das verstehe ich nicht. Warum sollten meine Fragen ein Problem sein? Sie sind der Neue. Ich muss doch wissen, was Sie wollen, in welche Richtung Sie uns führen werden. Wie soll ich herausfinden, was ich nicht weiß, wenn ich nicht frage?«

Wie soll ich herausfinden, was ich nicht weiß, wenn ich nicht frage?

Ich wollte ihm gegenüber nicht zugeben, dass ich angenommen hatte, seine Fragen würden darauf abzielen, den anderen im Team zu zeigen, dass ich nicht auf alles eine Antwort hatte. Aber ich sagte ihm, wie sehr ich meine Arbeitsweise bei der QTec verändern musste: »In meinem alten Unternehmen wandten die Kollegen sich an mich, um Antworten zu bekommen. Ich war so gut darin, ihnen diese zu liefern, dass ich mir einen erstklassigen Ruf als der Antworten-Mann erwarb. Hier bei QTec leite ich ein Team und muss mir von anderen Leuten dabei helfen lassen, Lösungen zu finden und sie zu implementieren. Es reicht nicht, der Antworten-Mann zu sein.«

Charles trank einen Schluck Wasser aus seiner Flasche und sagte dann: »Ein paar Wochen, bevor Sie an Bord kamen, engagierte Alexa einen Mann für eine Schulung. Bei dieser Schulung ging es um genau solche Dinge – um Fragen und Antworten. Der Schulungsleiter sprach darüber, welche Wirkung Fragen haben, wie sie uns dabei helfen können, innovativer zu werden und unser Denken, unsere Beziehungen und sogar ein gesamtes Unternehmen zu verändern. Er fragte uns, wie irgendjemand erwarten kann, die besten Antworten zu bekommen, ohne zunächst die besten Fragen zu stellen. An einen Satz, den er sagte, erinnere ich mich besonders. Er lautete: *Großartige Ergebnisse beginnen mit großartigen Fragen.*«

Alexa hatte mir am Tag meiner Einstellung von dieser Schulung erzählt. Sie hatte Joseph gebeten, ein Intensivseminar zum Question Thinking zu leiten, wie mir jetzt klar wurde. Sie hatte damals auch mich dazu eingeladen, doch ich hatte einen Termin bei meinem alten Arbeitgeber und konnte nicht an der Schulung teilnehmen. Außerdem war ich schließlich der Antworten-Mann! Fragen waren das Letzte, womit ich mich zu jenem Zeitpunkt beschäftigen wollte. Überdies wusste ich noch gar nicht, wie meine Arbeit als Teamleiter aussehen würde. Nun fragte ich mich, wie die Dinge wohl gelaufen wären, wenn ich an jenem Tag an Josephs Schulung teilgenommen hätte. Bestimmt sprach Charles von dieser Schulung, daher konnte ich ziemlich sicher davon ausgehen, dass ihm das Question Thinking und die Begriffe Lern- und Kritikermodus vertraut waren.

»Da ich nicht dabei war«, sagte ich etwas zaghaft, »könnten Sie vielleicht erläutern, wie sich ein paar dieser Praktiken bei uns anwenden lassen.« Kaum hatte ich diese Worte ausgesprochen, bereute ich es bereits. Ging ich zu weit und untergrub meine eigene Autorität? Bekam Charles so genau das, was er wollte?

Mittlerweile hatte er die Hände in seinem Schoß gefaltet. Sein Kopf war leicht zur Seite geneigt, als denke er darüber nach, wie er die Frage beantworten sollte. Schließlich sah er auf, atmete tief ein und sagte: »Jede nicht gestellte Frage ist eine potenzielle Krise, die darauf wartet, einzutreten.«

Jede nicht gestellte Frage ist eine potenzielle Krise,
die darauf wartet, einzutreten.

»Ich bin nicht sicher, ob ich das verstehe«, sagte ich. »Könnten Sie mir das genauer erklären?«

»Es ist etwas, das der Coach, Joseph, uns gelehrt hat, um die Bedeutung des Question Thinkings zu betonen. Er hat sogar Karten verteilt, auf denen dieser Satz stand. Ich habe eine dieser Karten als Erinnerung an meine Pinnwand geheftet.«

»Ich nehme an, unser Team hat viele Fragen zu unserem Projekt nicht gestellt«, sagte ich. Im Raum herrschte Schweigen. Ich wusste nicht, was ich als Nächstes tun oder sagen sollte. Ich konnte lediglich daran denken, dass ich mein Team bisher nicht dazu ermutigt hatte, Fragen zu stellen. Im Gegenteil, ich hatte sie im Keim erstickt. Charles' Fragen hatte ich als Kritik an mir empfunden und war in die Defensive gegangen. Wenn Josephs Spruch stimmte, hatte mein Verhalten zu einer Menge nicht gestellter Fragen geführt. *War ich schuld an der mangelnden Mitarbeit meines Teams? Was war bloß los mit mir? Warum hatte ich so lange gebraucht, um das zu erkennen?*

Kritikerfragen schossen mir durch den Kopf. Man musste kein Genie sein, um zu erkennen, wessen Schuld das Ganze war. Aber ich konnte an diesem Punkt nicht stehen bleiben. Wenn ich weiterkommen und echte Lösungen finden wollte, musste ich die Wahrheit akzeptieren und beginnen, andere Fragen zu stellen – und zwar viele. Außerdem musste ich alle Teammitglieder dazu ermutigen, Fragen zu stellen.

»Ich brauche Ihre Hilfe«, sagte ich und war überrascht, wie zuversichtlich meine Stimme klang. »Wie Sie wissen, ist es bei unserem Projekt fünf Minuten vor zwölf. Wenn wir nicht in die Gänge kommen und Fortschritte machen, haben wir ein großes Problem.«

»Ich verstehe«, sagte Charles nickend, »und ich teile Ihre Bedenken. Ich verspreche Ihnen, dass ich 110-prozentig hinter Ihnen stehe.«

»Das bedeutet mir sehr viel«, sagte ich, überzeugt davon, dass er es ernst meinte. »Lassen Sie uns mit der folgenden Frage beginnen: *Wie bekommen wir die Dinge in den Griff, die uns bisher blockiert haben?*« Diese Frage hatte ich mir bei der Vorbereitung auf dieses Meeting überlegt. »Und was brauchen *Sie* speziell, um uns dabei zu helfen, erfolgreich zu sein?«

Einen Moment lang wirkte Charles überrascht. Dann antwortete er: »Ich bin nicht sicher, ob ich sofort Antworten oder gar die besten Fragen dazu parat habe. Aber einer Sache bin ich mir sicher – die Art und Weise, wie wir dieses Gespräch führen, ist deutlich besser als das, was wir bisher gemacht haben. Ich glaube, die Richtung stimmt.« Er machte eine Pause und fügte dann hinzu: »Ich glaube, ich weiß, was uns helfen könnte.«

Mir stellten sich die Haare auf. *Er macht es schon wieder*, dachte ich und reagierte damit so, wie ich es bereits tausendmal zuvor getan hatte. *Er stellt meine Autorität infrage.* Aber ich stoppte mich rasch. In diesem Moment kamen mir drei Selbst-Qs in den Sinn: *Bin ich im Kritikermodus? Wie kann ich anders darüber denken? Was möchte ich in dieser Besprechung erreichen?* Wenn ich die Situation zwischen Charles und mir klären und dafür sorgen wollte, dass das Team Fortschritte machte, musste ich mich von meinen alten Vorurteilen lösen. Alles hing davon ab.

»Ich bin ganz Ohr«, sagte ich daher.

»Es handelt sich um eine Methode, die Joseph uns gelehrt hat«, erklärte Charles. »Er bezeichnete sie als Q-Storming.«

In diesem Moment hätte man mich mit einer Feder umwerfen können. Noch vor einem Tag hätte ich alles getan, um Charles auszubremsen. Heute antwortete ich lediglich: »Erläutern Sie es mir bitte.«

Charles stand auf, ging zu dem Flipchart, das zu einem festen Bestandteil meines Büros geworden war, und nahm einen blauen Stift zur Hand. »Das Ziel«, erklärte er, »besteht nicht darin, Antworten, Ideen oder Lösungen parat zu haben. Stattdessen sollten wir so viele neue *Fragen* wie möglich stellen. Wir feuern einfach Fragen heraus, die ich aufschreibe.«

»Das heißt, ohne Antworten oder Diskussionen zwischendurch«, vermutete ich.

»Genau. Joseph zufolge geht es darum, neue Türen in unserem Denken zu öffnen … hinter jeder Tür könnten wir eine weitere Antwort oder Lösung finden. Jede Frage erweitert die Bandbreite unserer Möglichkeiten. Ich glaube, er sagte wörtlich: ›Eine nicht gestellte Frage ist eine Tür, die nicht geöffnet wurde.‹«

Eine nicht gestellte Frage ist eine Tür,
die nicht geöffnet wurde.

»Man beginnt stets damit, die problematische Situation zu beschreiben sowie das, was man verändern möchte«, erklärte Charles weiter. »Danach überlegt man, wie man die Situation einschätzt.«

»Damit meinen Sie zum Beispiel meine Vermutung, Sie hätten Probleme, mit mir zusammenzuarbeiten«, sagte ich.

Charles zuckte zusammen, nickte dann aber. »Sobald man sich die eigenen Ziele und Vermutungen klargemacht hat, betrachtet man die tatsächlichen Fakten in einer Situation. Danach sucht man im Brainstorming-Verfahren nach neuen Fragen. Sie könnten zum Beispiel fragen: *Auf welche Weise können wir möglichst gut zusammenarbeiten, um unsere Ziele zu erreichen?*« Er notierte diese Frage auf dem Flipchart. Dann schrieb er sofort eine weitere dazu: *Was möchte ich im Team verändern?*

»*Was möchten wir nicht verändern!*«, rief ich aus.

»Joseph zufolge besteht das Geheimnis eines erfolgreichen Q-Stormings darin, im Lernmodus zu bleiben und gut auf die Formulierungen der Fragen zu achten«, fuhr Charles fort. »Wenn wir die gewünschten Ergebnisse erzielen wollen, sollten die Fragen in der ersten Person sein … also mit *Ich* oder *Wir* formuliert werden.«

»In Ordnung«, sagte ich. »Also zum Beispiel so: *Welche Dinge, die im Moment nicht passieren, würde ich mir wünschen? Wie können wir alle besser zuhören lernen? Was kann ich tun, um kreativer zu werden?*«

»Das sind großartige Fragen«, sagte Charles und schrieb so schnell er konnte, wobei er die *Ichs* und *Wirs* unterstrich.

Kaum hatte er das gesagt, hörte ich mich eine weitere Frage formulieren, ohne zu wissen, woher sie stammte: »*Wie kann ich die Kommunikationskanäle zwischen Ihnen und mir und den anderen Teammitgliedern offenhalten?*«

Ich meinte, ein Schmunzeln bei Charles wahrzunehmen, aber er sagte nichts und hielt lediglich meine Frage auf dem Flipchart fest. Dann fügte er noch eine eigene hinzu: *Was wird mir helfen, weiterhin die richtigen Fragen zu stellen?*

»*Wie können wir unsere Ziele besser formulieren, damit jeder sich mehr damit identifizieren kann?*«, steuerte ich bei.

»*Und damit alle inspirierter sind?*«, ergänzte Charles.

»Genau«, sagte ich.

»Weiter so. Noch mehr Fragen!«, rief Charles. Er notierte alles weiterhin hastig mit dem blauen Marker:

– *Womit kann ich unser Team anfeuern?*
– *Wie kann ich Vorurteile gegenüber anderen vermeiden?*
– *Welches sind die größten Stärken jedes Teammitglieds?*
– *Wie können wir dafür sorgen, dass wir uns alle an unsere Vereinbarungen halten?*
– *Wie kann ich jedem Teammitglied vermitteln, dass es in Ordnung ist, sich Hilfe zu suchen?*

Wir feuerten eine Frage nach der anderen heraus. Ich war überrascht, wie selbstverständlich und unkompliziert Charles und ich zusammenarbeiteten. Innerhalb kürzester Zeit hatten wir vier Bögen Papier mit Fragen gefüllt. Sie lagen alle auf dem Boden verstreut. Schließlich schlug ich vor, uns das Ergebnis anzusehen.

Charles trat einen Schritt von dem Flipchart zurück und sagte: »Joseph zufolge sollten Fragen enthalten sein, die man zuvor noch nicht gestellt hat. Die neuen Fragen können am meisten bewirken.«

Ich überflog rasch die Liste, die sich noch am Flipchart befand, und sah die Papierbögen auf dem Boden durch. »Ja, es sind einige dabei«, bemerkte ich und war ehrlich überrascht, wie viele dieser Fragen ich bisher noch nicht gestellt hatte.

Charles und ich stellten uns vor das Flipchart und hängten die anderen Bögen dann an der Wand auf. In der nächsten halben Stunde gingen wir all unsere Fragen durch und fügten hier und da ein paar dazu. Als wir begannen, über die Fragen zu sprechen, wurde mir klarer, warum wir nicht weiterkamen und was uns dabei helfen würde, die nötigen Veränderungen umzusetzen.

Als ich all die Fragen schriftlich vor mir sah, konnte ich auf den Selbstcoachingmodus umschalten und meine Situation objektiver betrachten. Mithilfe des Q-Stormings erkannte ich Möglichkeiten, auf die ich sonst nie gekommen wäre. Ich erinnerte mich an Alexas Geschichte über ihren Durchbruch – daran, wie die Art ihrer Fragen das gesamte Unternehmen verändert hatte. Ich bekam eine Vorstellung davon, auf welche Weise das auch bei uns passieren konnte.

Charles übertrug unsere Fragen auf sein Tablet, damit sie uns auch zu einem späteren Zeitpunkt noch zur Verfügung stünden.

Ich saß auf dem Rand meines Schreibtisches und betrachtete das Flipchart. »Ich glaube, ich habe noch eine Frage für unsere Liste«, sagte ich und ging zum Flipchart. Ich schlug den Papierbogen nach hinten und schrieb auf die neue Seite: *Was hilft jedem von uns dabei, sich bestmöglich einzubringen?*

»Gute Frage«, sagte Charles und nickte.

Der Begriff »sich einbringen« stand plötzlich im Fokus meiner Aufmerksamkeit. In meinem Bestreben, meine Rolle als Antworten-Mann zu festigen, hatte ich fast nie Fragen gestellt wie: *Welche Fähigkeiten haben die Mitarbeiter? Was brauchen und wollen sie? Welche Wirkung habe ich auf sie?* Ich erkannte noch deutlicher, wie sehr das Scheitern des Teams, des Teams, das ich als Alptraum bezeichnet hatte, auf den Teamleiter, also auf mich, zurückzuführen war! Ich selbst war die ganze Zeit über das Problem gewesen!

»Ich könnte wahrscheinlich die nächsten Stunden mit Ihnen darüber sprechen, was wir hier gerade erreicht haben«, sagte ich zu Charles. »Aber wissen Sie, was die wertvollsten Lehren aus dem Ganzen für mich sind?«

Charles schüttelte den Kopf.

»Erstens war dies eine großartige Demonstration, dass wir uns mithilfe von Fragen Dinge erschließen und diese wahrscheinlich auch verändern können. Ich kann mir vorstellen, das Q-Storming im Team zu nutzen – und zwar so bald wie möglich! Und zweitens habe ich eine völlig neue Perspektive bekommen, wie Fragen uns helfen können, die Menschen in unserem Umfeld mehr zu schätzen und besser zu verstehen.«

Diese Erkenntnisse öffneten mir eine weitere sehr große Tür, und so konnte sich eine neue Frage deutlich herauskristallisieren: *Bin ich bereit zuzulassen, dass andere mir bei der Lösung unserer Probleme helfen oder dazu beitragen?*

»Vor diesem Meeting«, sagte Charles, »war ich mir überhaupt nicht sicher, ob ich weiterhin hier bei QTec bleiben sollte, Ben. Um die Wahrheit zu sagen, ich hatte den Eindruck, es lohne sich nicht, mit Ihnen zu arbeiten, weil es zu problematisch wäre.«

»War es so schlimm?« Ich versuchte mit allen Mitteln zu verbergen, wie unangenehm mir seine Bemerkung war. Ich war sofort versucht, in die Defensive zu gehen. Aber dann schaltete ich innerlich irgendwie um. Ich spürte, wie ein verlegenes Lächeln sich auf meinem Gesicht breitmachte, und dann lachte ich einfach drauflos. »Ich kann Sie vollkommen verstehen«, sagte ich.

»Entschuldigen Sie bitte. Wahrscheinlich war das ziemlich direkt von mir. Aber ich musste Ihnen das sagen.«

»Ja, das mussten Sie«, pflichtete ich ihm bei. »Wir haben das beide gebraucht.« Ich streckte ihm meine Hand entgegen. Er zögerte nur einen kurzen Moment und schüttelte sie dann herzlich. Wir hatten Frieden miteinander geschlossen, und das fühlte sich wunderbar an. Ich hatte mit Charles den Durchbruch erzielt, den ich mir erhofft hatte – und die Veränderung meiner Fragen war der springende Punkt dabei gewesen. Ich konnte es gar nicht erwarten, Joseph davon zu erzählen.

Nachdem Charles mein Büro verlassen hatte, ging ich noch einmal zum Flipchart und begann Pläne für das Teammeeting am nächsten Morgen zu machen. Dieses Mal wollte ich die richtigen Fragen parat haben, um eine Lernatmosphäre zu erzeugen. Auf diese Weise würde sich unsere Zusammenarbeit grundlegend verändern. Ich war mir sicher, dass wir dadurch auch positivere Ergebnisse erzielen würden. Ich setzte mich an den Schreibtisch, zog meine Notizen aus den Sitzungen mit Joseph hervor und blätterte sie durch.

Dann lehnte ich mich auf meinem Stuhl zurück und betrachtete den kleinen Rahmen mit dem Spruch an der Wand: »Hinterfrage alles!« Ja, dachte ich, *Joseph hat recht. Alles scheint jetzt so einfach zu sein. Genau. So einfach wie Einsteins Relativitätstheorie!*

Kapitel 11

Amour! Amour!

Jenseits von richtig und falsch liegt ein Ort.
Dort treffen wir uns.

Rumi

An diesem Abend war ich aufgrund all der Dinge, die während der Meetings mit Alexa und Charles geschehen waren, voller Energie und blieb lange in der Arbeit. Sogar einige Zeit, nachdem es dunkel geworden war, machte ich mir noch Notizen für die Besprechung am nächsten Morgen mit Charles und dem Team. Außerdem schickte ich eine E-Mail an Alexa, um bei ihr anzufragen, ob Joseph in den nächsten paar Wochen Zeit für ein Treffen mit uns hatte. Die Zeit verflog nur so. Ich hatte Grace gesagt, wann ich nach Hause kommen würde, doch als ich schließlich daran dachte, auf die Uhr zu sehen, war es bereits zwei Stunden danach. Ich überlegte, ob ich sie anrufen sollte, vermutete dann aber, dass sie wahrscheinlich schon im Bett sein würde. Also beschloss ich, sie nicht zu stören. Als ich schließlich nach Hause fuhr, war es beinahe elf Uhr.

Grace saß allein im spärlich beleuchteten Wohnzimmer, als ich das Haus betrat. Sie trug ihren Schlafanzug und las im Licht einer einzelnen Lampe, die neben ihrem Sessel stand. Ich begrüßte sie und spürte sofort, dass irgendetwas nicht stimmte.

Schweigend legte sie ihr Buch zur Seite, kam auf mich zu, nahm meine Hand und führte mich zum Sofa, wo sie mich mit sanfter Stimme dazu aufforderte, mich zu setzen. Ich setzte mich also und rechnete fast schon damit, dass sie mir sagen würde, jemand sei gestorben – oder sie würde mich verlassen. Sie setzte sich mir gegenüber auf die Armlehne eines dick gepolsterten Sessels, beugte sich leicht nach vorn und blickte mir in die Augen. Ich machte mich auf alles gefasst.

»Ben«, begann sie, »du *musst* mir sagen, was mit dir los ist.«

Wie so häufig wollte ich es abtun. »Ich war lange in der Arbeit. Ich habe es deiner Sekretärin gesagt … Ich habe überlegt, dich anzurufen, dachte dann aber, du würdest schon schlafen.«

»Darum geht es nicht. Das weißt du genau.« Ihr Blick verriet mir, dass sie nicht nachlassen würde.

»Ich hatte großen Druck in der Arbeit … und viele dringende Termine … aber ich glaube, wir haben heute wirklich große Fortschritte gemacht … also kein Grund zur Beunruhigung.« Ich wusste, dass ich herumstammelte, aber um ehrlich zu sein, hatte ich eine panische Angst.

Grace schüttelte langsam den Kopf und fragte mich schließlich: »Was brauchst du jetzt genau?«

Einen Moment lang war ich sprachlos. War das nicht die gleiche Frage, die ich mir in Bezug auf Charles gestellt hatte? *Was braucht und will der andere?* Konnte sie meine Gedanken lesen, oder waren ihr Josephs *Top 12 der Erfolgsfragen* irgendwie untergekommen?

»Was ich brauche«, wiederholte ich nervös. »Im Moment bin ich mir tatsächlich nicht so sicher.« Das war keine Lüge. Ich wusste es wirklich nicht.

»In Ordnung, dann möchte ich dir gerne sagen, was mir aufgefallen ist«, sagte Grace. »Nicht lange, nachdem du diesen

Job angenommen hattest, hat sich unsere gesamte Beziehung verändert. Du hast dich verändert. Ich habe mich gefragt, ob es etwas mit mir zu tun hat. Ob du plötzlich das Gefühl hast, dass es ein Fehler war, mich zu heiraten? Ob ich etwas getan habe, das dich geärgert oder verletzt hat.«

Ich hob meine Hand. »Ach, Grace, das ist nicht der Fall, ganz bestimmt nicht!« Die Vorstellung, dass ich ihre Gefühle tatsächlich nicht wahrgenommen hatte, brachte mich beinahe zum Weinen.

»Das habe ich erkannt, als ich mir die Choice Map genau angesehen habe«, antwortete sie. »Weißt du, was mir klar geworden ist? Wir waren beide auf dem Kritikerpfad unterwegs. Ich weiß, dass ich mir selbst und auch dir gegenüber voreingenommen war, und mir ist bewusst, dass auch du im Kritikermodus bist.«

Ich hatte es gar nicht erwarten können, ihr von meinem Durchbruch mit Charles zu berichten. Davon, wie viel sich in der Arbeit für mich bereits verändert hatte. Plötzlich rückte selbst das in den Hintergrund. Ich rang nach Worten, um Grace zu erklären, wie leid es mir tat, dass ich sie so verletzt hatte. Aber in diesem Moment konnte ich nichts anderes tun, als zu nicken und ihr zuzustimmen.

»Ich stelle mir sehr viele Fragen über uns«, fuhr Grace fort. »Aber bis heute Nachmittag waren es vorwiegend Kritikerfragen. Dann suchte ich nach Dingen, die ich tun oder sagen könnte, um zu vermeiden, dass wir im Kritikersumpf steckenbleiben.«

»Es fällt mir wirklich schwer, mir das anzuhören«, unterbrach ich sie und senkte den Blick. »Ich glaube, es gibt keinen leichten Weg, um es dir zu sagen … keinen anderen Weg, um es hinter mich zu bringen …« Ich betete darum, nicht die Fassung zu verlieren.

Grace war plötzlich so bleich wie ein Geist. »Bitte lass es nicht das sein, was ich denke«, sagte sie mit ängstlicher, zitternder Stimme.

»Wie bitte?« Alle Alarmglocken in meinem Kopf läuteten. Eine Reihe von Möglichkeiten schossen mir durch den Kopf. Sie beugte sich auf der Armlehne des Sessels noch weiter nach vorn und starrte mich an. Ich atmete tief ein. »Moment mal«, stieß ich hervor. »Was denkst du denn? Du denkst doch nicht, dass …«

»All die langen Abende, die du im Büro verbracht hast, all die Entschuldigungen, warum du so spät nach Hause gekommen bist. Du hast mich häufig nicht einmal angerufen, um mir Bescheid zu geben, wo du warst, hattest keine Zeit für mich … für *uns*.« Sie machte eine Pause. »Was soll ich deiner Meinung nach denn denken?«

»Grace … ich schwöre dir, es ist nichts dergleichen.« Das war echt heftig! Es war mir nie in den Sinn gekommen, dass sie meine vielen Überstunden in der Arbeit auf diese Weise deuten könnte.

Ich schüttelte langsam den Kopf, zum Teil, weil ich nicht glauben konnte, was ich gerade gehört hatte, und zum Teil, um ihr zu versichern, dass ich keine Affäre hatte. »Das würde ich nie tun, Grace.« Ich schwieg und überlegte genau, was ich als Nächstes sagen würde. »Es gibt etwas, das ich dir sagen will und was mir sehr schwerfällt. Ich hoffe, du wirst mich nicht dafür hassen … vielleicht so sehr, als wenn es eine andere Frau gegeben hätte.«

Mein Gesicht glühte und meine Stimme klang wackelig. Ich hatte keine Ahnung, wie Grace reagieren würde. Ich befürchtete, dass sie mich vielleicht sogar verlassen würde, wenn ich ihr die Wahrheit über mein Scheitern in der Arbeit erzählte.

»Ich habe dir nicht ganz die Wahrheit über Joseph erzählt

und darüber, auf welche Weise ich an die Choice Map gekommen bin«, begann ich. »Ich steckte im Job in einer richtigen Sackgasse. Es lief überhaupt nicht gut. Und schließlich musste ich mich zwischen zwei Optionen entscheiden. Ich musste mich entweder von Joseph coachen lassen oder aber meine Kündigung einreichen.«

»Deine Kündigung! Darum geht es also? Oh je, Ben, das tut mir so leid!«

»Monatelang befürchtete ich, nicht das Zeug für eine Führungsposition zu haben. Im Gegenteil! Alles, was ich versuchte, führte nur zu schlechten Ergebnissen. Ich habe alle enttäuscht, die an mich geglaubt haben, dich und auch Alexa. Und mit Sicherheit das Team, das ich leiten sollte! Und wenn es in diesem Job nicht gut lief ... tja, ich hatte Angst davor, was das für uns bedeuten könnte ... für dich und mich. Ehrlich gesagt, befürchtete ich, du könntest denken, ich sei nicht gut genug für dich.«

Wir schwiegen beide eine Weile. Dann fragte Grace leise: »Wann hast du zum ersten Mal gemerkt, dass es im neuen Job nicht gut läuft?«

»Nach ein paar Wochen«, gestand ich. »Am Anfang war es toll. Ich dachte wirklich, ich käme gut mit der Führungsposition zurecht. Dann war ich mit einer Herausforderung nach der anderen konfrontiert, die ich nicht bewältigen konnte, bis ich das Gefühl hatte unterzugehen ... Ich fand einfach keine Lösungen.«

»Moment mal«, unterbrach sie mich. »Das war die ganze Zeit über so, und du hast mir nie etwas davon erzählt?«

»Du bist wütend, nicht wahr, Grace? Ich wusste, dass es so kommen würde. Es tut mir wirklich leid. Aber ich glaube, jetzt verändert sich die Situation für mich. Ich bin sogar sicher, dass es so ist ...«

»Eine Sekunde«, sagte Grace. »Mach bitte einen Schritt zurück. Du wusstest *was*? Was dachtest du, würde so kommen? Weißt du, warum ich sauer auf dich bin? Bist du sicher, dass du es weißt?«

»Natürlich weiß ich das. Weil ich im Job versagt habe.«

»Nein! Nein! Nein! Darum geht es überhaupt nicht!« Sie schrie mich fast an.

»Worum geht es dann?«, fragte ich sie perplex. Ärgerte sie sich über etwas noch Schlimmeres, über etwas, dessen ich mir nicht einmal bewusst war? Ich suchte krampfhaft nach einer Erklärung.

»Ich bin sauer, weil du mir deine Probleme verschwiegen hast. Du bist mein Mann und hast mir etwas vorenthalten, das für uns *beide* so wichtig ist.«

»Ich hatte die feste Absicht, es dir zu erzählen, aber erst, wenn ich alles wieder gut im Griff hätte. Ich war ziemlich sicher, dass ich sofort einen neuen Job bekommen und danach alles wieder besser laufen würde und du dann gar nichts erfahren müsstest.«

»Mit anderen Worten, du wolltest weiterhin versuchen, es zu vertuschen und vor mir geheimzuhalten.« Plötzlich sah sie so aus, als wolle sie mir eine verpassen. »Mann, Ben, wie konntest du nur so verpeilt sein?«

Ich starrte sie an, als wäre sie eine Fremde. Ich wusste wirklich nicht, was ich sagen sollte.

»Hör mir bitte zu«, fuhr sie fort. »Du solltest jetzt lieber verstehen, was ich dir sage, sonst werden wir nie auf einen grünen Zweig kommen. Ich *will*, dass du mir mitteilst, was wirklich los ist. Deine Probleme, deine Zweifel, deine Erfolge, alles. Ich *brauche* das. Das ist so ein wichtiger Teil der Ehe für mich. Es hilft mir, mich mit dir verbunden zu fühlen. Wenn ich Probleme in der Arbeit habe, bespreche ich es mit dir, oder nicht?«

»Klar. Ich denke schon. Ich habe nie darüber nachgedacht.«

»Du hast nie darüber nachgedacht! Willst du mich auf den Arm nehmen? Erinnerst du dich daran, was ich dich gefragt habe, als du vorhin nach Hause gekommen bist?«

»Ja, du hast mich gefragt, was ich brauche.«

»Du hast mir noch nicht geantwortet«, sagte sie. »Das musst du tun. Ich *möchte* es. Jetzt sofort.«

Mir blieb der Mund offen stehen, und ich blickte Grace lange in die Augen. Ich weiß nicht, wie viel Zeit verging. Vielleicht waren es nur Sekunden, aber diese Momente haben sich für immer in mein Gedächtnis eingeprägt. *Was brauchst du?* Diese drei Worte, die mit so viel liebevoller Anteilnahme an mich gerichtet waren, durchschnitten wie ein Laserstrahl eine Steinmauer, die ich um mich herum, um mein Herz errichtet hatte, ohne mir dessen bewusst zu sein.

»Was ich will …«, begann ich. »Wenn ich jetzt absolut ehrlich bin, dann will ich dir wahrscheinlich alles erzählen, was mir widerfahren ist, und mich nicht von meinen Ängsten davon abhalten lassen.«

Ich hielt inne, um ihre Mimik zu beobachten, bevor ich weitersprach. Grace lächelte, aber in ihrem Gesicht schien noch etwas anderes auf, was ich nicht genau ergründen konnte. Dennoch musste ich fortfahren.

»Ich musste mich mit meinen eigenen Begrenzungen auseinandersetzen«, begann ich und nahm meinen Mut zusammen. »Ich habe viel zu viel Zeit im Kritikermodus verbracht und viele negative, verletzende Vermutungen angestellt – sowohl über mich selbst als auch über andere. All das hat zu großen Problemen in der Arbeit geführt. Und einer der schwersten Aspekte, mit denen ich mich auseinandersetzen musste, war die Tatsache … nun ja, dass es mehr im Leben gibt, als der Antworten-Mann zu sein. Ich muss noch unglaublich viel lernen.

Wenigstens habe ich jetzt bessere Wahlmöglichkeiten, dank unseres Freundes Joseph.«

An diesem Punkt sprudelte die ganze Geschichte aus mir heraus. Ich erzählte Grace, was ich in den letzten Monaten durchgemacht hatte. Welche Panik ich davor gehabt hatte, in meinem neuen Job nicht erfolgreich zu sein, weil Alexa dann vielleicht zu dem Schluss gekommen wäre, dass ich in einer leitenden Position bei QTec nicht bestehen konnte. Ich hatte mich an so vielen Tagen wie ein Loser gefühlt, dass ich mich nicht getraut hatte zuzugeben, wie ich immer schneller in den Kritikersumpf abrutschte. Als ich am Ende meiner Geschichte angelangt war, erhob sich Grace von der Sessellehne, kam auf mich zu, setzte sich auf meinen Schoß und umschloss meinen Kopf mit ihren Händen.

»Ich liebe dich sehr«, sagte sie. »Ich liebe dich sogar noch mehr, weil du mir jetzt all das erzählt hast. Aber versprich mir, dass du mir nie wieder etwas vorenthältst. Versprochen?«

»Das wird nicht leicht sein«, erwiderte ich. »Es ist schwer, sich von alten Gewohnheiten zu lösen. Außerdem habe ich im Job gelernt, dass man mit Jammern nicht weiterkommt.«

»Du jammerst nicht! Es ist ein großer Unterschied, ob man ein Jammerlappen ist oder ob man ehrlich ist. Wir sollten stets offen dafür sein, einander zu fragen, was los ist, und sicher sein, dass wir uns die Wahrheit sagen können. Schließlich sitzen wir in einem Boot.«

Da war es wieder … Raum für Menschen schaffen, Fragen offen stellen und aufmerksam zuhören. Dieses Gespräch führte den Durchbruch, den ich in der Arbeit erlebt hatte, auf eine vollkommen neue Ebene. Verstand ich das alles bereits? Sicherlich nicht. Aber ich erkannte sehr deutlich, dass Josephs Methoden zu Hause ebenso gut funktionierten wie bei der Arbeit.

Ich erinnere mich nicht mehr genau an meine Worte, aber ich weiß, dass ich Grace sagte, wie viel mir dieses Gespräch bedeutete. Ich dankte ihr dafür, dass sie mir ihre Fragen gestellt, sich meine Probleme angehört und es in einer sehr schwierigen Zeit mit mir ausgehalten hatte.

Grace küsste mich sanft auf die Lippen. In diesem Moment wusste ich, dass sich etwas Wichtiges verändert hatte, nicht nur zwischen Grace und mir, sondern auch in der gesamten Art und Weise, wie ich die Welt betrachtete.

Als wir an diesem Abend ins Schlafzimmer hinaufgingen, hielten wir uns immer noch an den Schultern umfasst, sodass es schwer war, auf der Treppe vorwärts zu kommen. Wir lachten, als wir slapstickhaft auf den ersten Stufen stolperten. Ich sagte zu Grace, dass ich sie nicht loslassen wolle, wir es aber so verschlungen nie bis oben schaffen würden.

Sie schmunzelte verschmitzt. »Aber wir könnten es versuchen!«

Wir küssten uns erneut, und auf einmal wurde ich ernst: »Kann ich dir eine Frage stellen?«

»Jederzeit«, antwortete Grace mit leuchtenden Augen. »Jederzeit gern.«

Kapitel 12

Die Quintessenz

Kreativität ist eng verknüpft mit unserer Fähigkeit,
neue Lösungswege für alte Probleme zu finden.

Martin Seligman

Eines Nachmittags saß ich an meinem Schreibtisch im Büro, lehnte mich auf meinem Stuhl zurück und dachte über alles nach, was wir bei QTec in der jüngeren Vergangenheit erreicht hatten. In meiner rechten Hand hielt ich den Briefbeschwerer aus Rosenholz, den Joseph mir vor ein paar Jahren geschenkt hatte. Erneut las ich die Worte auf der silbernen Plakette: *Großartige Ergebnisse beginnen mit großartigen Fragen.* Diese Worte und alles, was ich von Joseph gelernt hatte, waren zu meinem inneren Kompass geworden. Durch Question Thinking hatte sich mir ein Bereich meines Geistes erschlossen, den ich sonst wahrscheinlich nie entdeckt hätte. Überdies führte das QT mich sicher durch ziemlich schwieriges Terrain.

Meine Gedanken schweiften zu jenem düsteren Tag zurück, an dem ich mein Kündigungsschreiben verfasst hatte, weil ich überzeugt davon war, Alexas Erwartungen nicht erfüllt zu haben. Ich nahm an, dass sie mich ohnehin entlassen wollte. Ich hatte eine wohlüberlegte Stellungnahme vorbereitet, in der ich mich bei ihr für das mir entgegengebrachte Vertrauen bedankte und einräumte, dass ich nicht die richtige Person für den Job war. Ich verfügte eben nicht über die Führungsqualitäten, die sie sich wünschte, und wusste nicht einmal, womit ich anfangen sollte, um sie mir anzueignen. Während ich überlegte, wie ich mich während der geplanten Besprechung mit ihr verhalten würde, gingen mir lauter Kritikerfragen durch den Kopf: *Was war nur mit mir los? Wie war ich bloß darauf gekommen, dass ich ein erfolgreicher Abteilungsleiter sein würde? Wie sollte ich Grace sagen, dass ich so kläglich versagt hatte?*

Wie Sie bereits wissen, geschah bei der Besprechung mit Alexa etwas völlig anderes, als ich befürchtet hatte. Zu meiner Überraschung weigerte sie sich sogar, mein Kündigungsschreiben zu lesen. Stattdessen empfahl sie mir ein berufliches Coaching mit Joseph. Als sie mir erklärte, was er tat, war ich skeptisch. Aber Alexa war so enthusiastisch, dass ich nicht ablehnen konnte. Sie gab mir seine Visitenkarte, auf der mir sofort das große Fragezeichen in den Blick sprang. Ich hoffe, Alexa hat nicht bemerkt, wie ich genervt meine Augen verdrehte. Dieser Kerl konnte mir bestimmt nicht weiterhelfen. Ich hatte mir einen Ruf als der Antworten-Mann aufgebaut, und Alexa empfahl mir ausgerechnet jemanden, der sich auf eine Methode namens Question Thinking spezialisiert hatte. Das konnte unmöglich funktionieren.

Doch mir sollte bekanntermaßen eine große Überraschung bevorstehen. Als ich Josephs System ausprobierte, führte es zu großartigen Ergebnissen. Und obwohl es nicht leicht war, diese Tatsache zu akzeptieren, war bald klar, dass mein innerer Kritiker meine Arbeit seit langer Zeit blockierte. Je häufiger ich mich meinem Team gegenüber im Kritikermodus befand, desto mehr schienen die Teammitglieder alles abzulehnen, was ich versuchte. Kurz nachdem ich das erkannt hatte, begann ich gezielt aus einem Lernmodus heraus mit den Mitarbeitern zu kommunizieren. Gleichzeitig begann ich mehr *nachzufragen* und weniger zu *erzählen*. Es zeigte sich rasch, dass die Dinge sich für uns zum Positiven veränderten, und wir entwickelten den Gemeinschaftsgeist, der unser Team heute noch prägt.

Da ich meinen Lernmodus förderte, veränderte sich die spannungsgeladene, konfliktträchtige Beziehung zu Charles entscheidend. Dank der Choice Map und des Q-Stormings konnten wir durch die stürmischen Gewässer zwischen uns hindurchsteuern. So wurde das Arbeitsverhältnis zwischen Charles und mir immer harmonischer. Und die Methoden, die wir anwendeten, setzten sich auch bei den anderen Kollegen durch. Anfangs dachte ich, jeder im Team müsse sich verändern, wenn die Dinge sich zum Besseren wenden sollten. Doch wie sich herausstellte, war ich der Einzige, der sich verändern musste! Die Zusammenarbeit zwischen Charles und mir gehört zu den produktivsten und innovativsten, die ich je erlebt habe. Eines ist gewiss: Ohne Josephs Coaching – und ohne meine innere Veränderung – hätte ich das Team nicht weiterhin leiten und hätten wir unser Produkt nicht vor der Konkurrenz auf den Markt bringen können.

Ein paar Monate nach der Markteinführung unseres Produkts trafen Joseph und ich uns zum Mittagessen. Er erinnerte mich an den Tag, an dem ich im Stau stecken geblieben war und ihn frustriert angerufen hatte. Außerdem reichte er mir einen Artikel über neurowissenschaftliche Untersuchungen zu Stress und dessen Auswirkungen auf das Coaching von Führungskräften. Ich wusste nicht, was der Artikel mit mir zu tun haben sollte, aber Joseph steckte voller Überraschungen. Der Artikel befasste sich mit den *Amygdalae*, zwei kleinen mandelförmigen Zellhaufen tief in unserem Gehirn. Der eine ist für die linke Gehirnhälfte zuständig, der andere für die rechte. Ich blickte Joseph verwirrt an und fragte mich, warum ich diesen Text lesen sollte. Er erklärte mir, der Artikel könne mir helfen, die Wirkung des QT und der Choice Map noch besser zu verstehen. Außerdem könne ich noch besser nachvollziehen, wie sehr sie zu meinem Erfolg beigetragen hätten.

Joseph nippte an seinem Kaffee, während ich zu lesen begann. Der Artikel besagte Folgendes: Immer wenn wir eine Bedrohung erleben, die Angst in uns auslöst, etwa wenn wir nur knapp einem Verkehrsunfall entkommen oder unter Druck stehen, weil wir einen Termin einhalten müssen, oder irgendetwas in dieser Art, löst die Amygdala die Ausschüttung bestimmter Hormone aus, die die Chemie in unserem Gehirn verändern und sich im gesamten Körper ausbreiten. Es kommt zur klassischen Kampf-oder-Flucht-Reaktion. Davon hatte ich bereits in der Schule gehört, allerdings ohne den Teil über die Amygdala. Ich verstand immer noch nicht, was das mit Führungskräften zu tun haben sollte.

Vor langer Zeit – so der Artikel weiter – war der kleine Zellhaufen unsere beste Verteidigung gegen die Säbelzahntiger, da er uns vor Gefahren warnte. Heute können dieselben primitiven Reaktionen durch einen stressigen Telefonanruf des Chefs oder des Partners hervorgerufen werden. Plötzlich sind wir in Alarmbereitschaft und bereit, es mit jedem Kontrahenten aufzunehmen – oder so schnell wie möglich wegzurennen. Für uns als zivilisierte Menschen sind Flucht oder Kampf in der Regel keine guten Optionen. Wir sind mit all den Chemikalien konfrontiert, die von der Amygdala ausgeschüttet werden, und haben nach wie vor das Bedürfnis zu flüchten oder zu kämpfen. Je mehr wir von diesen Gefühlen vereinnahmt werden, desto unwohler fühlen wir uns. Manchmal lassen uns diese Emotionen erstarren und lähmen uns.

Joseph schwieg weiterhin, damit ich Zeit für die Lektüre

hatte. Als ich fertig war, sagte ich zu ihm: »Es ist gut zu wissen, dass ich mir meinen Ärger und Frust an jenem Tag im Auto nicht nur eingebildet habe. Ganz zu schweigen davon, dass mein gesamter Körper angespannt war. Es war alles die Schuld meiner Amygdala!«

Joseph lachte.

»Dennoch«, fuhr ich fort, »können Sie nicht bestreiten, dass die ganze Situation sich so zugespitzt hatte, weil ich befürchtete, mich nicht mehr intensiv genug auf das Gespräch mit Charles vorbereiten zu können, vor dem es mir wirklich graute.«

»Was hat Ihre Haltung an diesem Tag verändert?«, fragte mich Joseph.

»Es waren die drei Umschaltfragen, die Sie mir diktiert haben: *Wovon gehe ich aus? Wie kann ich anders darüber denken? Was denkt, fühlt und will der andere?* Sobald ich sie mir stellte, veränderte sich etwas in mir. Diese Umschaltfragen halfen mir, auf den Lernmodus umzuschalten. Ich hatte das Gefühl, als wäre ich aus der Umklammerung all der unguten Kritikergefühle befreit worden.«

»Worauf verlagerte sich Ihre Aufmerksamkeit zu diesem Zeitpunkt?«

»Sie war auf Charles gerichtet. Aber ich stellte vollkommen andere Fragen als zuvor. Ich bewertete ihn nicht mehr aus einer voreingenommenen Kritikerhaltung heraus. Stattdessen stellte ich mir bewusst Lernfragen zu meinen eigenen Vorurteilen. Zudem war ich innerlich viel ruhiger. Ich steckte nicht mehr in der eingefahrenen Spur fest, dass Charles mein Erzfeind war.«

»Hatte sich in Ihrem *Umfeld* irgendetwas verändert? Hatte sich der Verkehr verändert? Hatten die Probleme sich verändert, mit denen Sie konfrontiert waren? Hatte Charles sich verändert?«

»Nein, in meinem Umfeld hatte sich nichts verändert. Der Verkehr bewegte sich nach wie vor nicht vorwärts. Aber Ihre Fragen veränderten meine Haltung gegenüber der gesamten Situation. Als ich schließlich zu meiner Besprechung kam, war ich ziemlich zuversichtlich, dass ich ein konstruktiveres Gespräch mit Charles würde führen können. Und wie Sie bereits wissen, war es tatsächlich so. Es entwickelte sich zu einem wahren Durchbruch.«

Joseph wirkte ebenso zufrieden, wie ich mich fühlte.

»Als ich mit dieser Arbeit begann«, sagte er, »interessierte ich mich unter anderem dafür, wie weit unsere Reaktionen danebenliegen können, wenn wir uns von den Urreaktionen der Amygdala steuern lassen. Wahrscheinlich ist es meine Passion, Instrumente und Methoden zu entwickeln, die uns Entscheidungsmöglichkeiten bieten, wie wir auf die Amygdala reagieren – wenngleich ich das damals noch nicht so formuliert habe. Ich betrachtete es vorwiegend als Selbstmanagement. Was ich heute als Question Thinking bezeichne, geht Hand in Hand mit einem guten Führungsstil und der Förderung eines konstruktiven, kreativen und auf Zusammenarbeit ausgerichteten Arbeitsumfelds. Im Laufe der Jahre gehörte es zu meinen größten Belohnungen mitzuerleben, wie diese Instrumente und Strategien Führungskräften halfen, sich weiterzuentwickeln.«

»Ich verstehe, warum man all das nicht tun könnte, wenn man von der Amygdala gesteuert würde«, überlegte ich und dachte daran, was das QT bisher für mich getan hatte, sowohl in der Arbeit als auch was Grace betraf.

Ich warf einen Blick auf den Artikel, den Joseph mir gegeben hatte. Eine Zeile sprang mir ins Auge: »Jedes Mal, wenn wir von der Amygdala überfallen werden, verschwenden wir letztlich Zeit und Energie, die wir für konstruktive und zufriedenstellende Lösungen einsetzen könnten.« War dies nicht im Kern das, was Joseph als Kritikerüberfall bezeichnete? Ich fragte mich, ob Joseph mit dem Autor des Artikels befreundet war. Vielleicht war er selbst der Verfasser und hatte ein Pseudonym verwendet.

Ich sah von dem Papier auf. Joseph nahm einen weiteren Schluck aus seiner Tasse, stellte sie zurück auf die Untertasse und sah mich von der anderen Seite des Tisches erwartungsvoll an.

»Ich glaube, jetzt dämmert es mir«, sagte ich. »Könnte es sein, dass Ihre Arbeit mein Gehirn neu verschaltet? So fühlt es sich manchmal an.« Obwohl ich das als Witz meinte, musste ich zugeben, dass seine Arbeit mir tatsächlich eine andere Denkweise vermittelt hatte. Mein Gehirn stellte zahlreiche neue Verbindungen her.

Joseph nickte bedächtig und lächelte. Um seine Augenwinkel herum bildeten sich Falten, so wie immer, wenn er sich freute.

»Als ich mit meiner Arbeit begann«, sagte er, »wollte ich wissen, welche Voraussetzungen erfüllt sein müssen, damit Menschen ihre innere Verfassung besser kontrollieren können. Unsere Kritikerreaktionen sind in der Regel auf irgendeine Angst zurückzuführen, selbst wenn es nicht so scheint. Angst drängt uns in den Kritikermodus. Es ist eine Facette unseres Überlebenstriebs, vom schlimmstmöglichen Fall auszugehen, um uns auf alles vorzubereiten, womit das Leben uns konfrontiert.«

»Deshalb sagen Sie, wir seien alle Kritiker in Therapie?«, fragte ich.

»Ja, ja! Das stimmt genau. Letztlich geht es darum, dass Menschen in Führungspositionen kontrolliert sein sollten – damit ihnen ein bewusstes und kompetentes Selbstmanagement gelingt, egal was in ihrem Umfeld passiert. Sie sollten in der Lage sein, sich selbst zu führen, bevor sie andere effektiv führen können. Das beschreibt den Prozess, den Sie an jenem Tag nach unserem Gespräch im Auto durchgemacht haben. Sie haben Ihre innere Verfassung verändert und von diesem Zeitpunkt an Ihre Wahrnehmung und Ihre Optionen deutlich erweitert. Wenn Führungskräfte sich von äußeren Umständen und Gefühlen kontrollieren lassen, verlieren sie ihre Fähigkeit, die Initiative zu ergreifen und strategisch zu handeln. Sie laufen Gefahr, kopflose anstatt wohlüberlegte Entscheidungen zu treffen. Und so verspielen sie schließlich die Zuversicht und das in sie gesetzte Vertrauen der Menschen in ihrem Umfeld ...«

»Daher ist es so wichtig, Umschaltfragen zu stellen und zum Lernmodus zurückzukehren«, sinnierte ich und dachte bei mir, dass dies für jeden wichtig war, nicht nur für Führungskräfte. »Das ist die Quintessenz, nicht wahr?«

Meine Gedanken schweiften kurz ab. Ich überlegte, was die Umschaltfragen und der Lernmodus in meiner Beziehung mit Grace bewirkt hatten. Ich wollte Joseph gern davon erzählen, doch dieser schaute auf seine Uhr und sagte, er müsse zu einem Termin. Er erhob sich und streckte mir seine Hand über den Tisch entgegen, um sich mit einem festen und herzlichen Händedruck zu verabschieden.

In diesem kurzen Augenblick wurde mir klar, wie sehr die Zusammenarbeit mit ihm mein Leben verändert hatte – und dass ich diese Chance beinahe hätte an mir vorüberziehen lassen, als Alexa mir zum ersten Mal von Joseph erzählte. Es war mir peinlich, dass ich angesichts des großen Fragezeichens auf seiner Visitenkarte die Nase gerümpft hatte. Meine gesamte Identität war damals damit verknüpft gewesen, der Antworten-Mann zu sein! Heute hat ein Fragezeichen für mich eine vollkommen andere Bedeutung: Es ist ein Symbol, das voller Möglichkeiten steckt ...

Nach einer Reihe von Erfolgen war ich davon überzeugt, mir bei QTec einen guten Ruf erworben zu haben. Ich war mir allerdings auch der neuen zukünftigen Herausforderungen bewusst. Alexa arbeitete an Plänen für eine weitere Expansion des Unternehmens, was mich etwas nervös machte. Ich war glücklich in meiner aktuellen Position und gewann bezüglich meiner Führungsqualitäten zunehmend Selbstvertrauen. Da alles so gut lief, wollte ich keine Veränderung. Aber jeden Tag kursierten Gerüchte über Alexas Umstrukturierungspläne. Ich hatte natürlich schon davon gehört, aber immer wenn von der Umstrukturierung eines Unternehmens die Rede war, wurde der Personalbestand in der Regel verringert, und einige Mitarbeiter verloren ihre bisher sicheren Jobs.

Alexa hatte noch nicht mit mir darüber gesprochen, welche Rolle sie möglicherweise in ihren Plänen für mich vorsah. Sollte ich eine höhere Führungsposition einnehmen? Oder ließ sie mein Scheitern vor Josephs Coaching an mir zweifeln? Meine Schultern verspannten sich stets, wenn mir diese Fragen in den Sinn kamen, und signalisierten mir, dass ich in den Kritikermodus abglitt. Ich versuchte, wenigstens unvoreingenommen zu bleiben, bis ich über gesicherte Fakten verfügte.

Dann riss mich eines Tages das klingelnde Telefon aus meiner Konzentration, als ich gerade in einige Berichte vertieft war, an denen Charles und ich gearbeitet hatten. Es war Alexas Sekretärin. Sie fragte, ob ich in einer halben Stunde Zeit für eine Besprechung mit der Chefin hätte. Und ob ich bitte die grüne Mappe mitbringen könne. Ich wisse schon welche. Ja, ich wusste genau, um welche es sich handelte. Es war die Mappe mit meinem Kündigungsschreiben. Was wollte Alexa damit? Hatten wir diesen Punkt nicht längst geklärt?

Ich beendete meine Arbeit, schnappte mir die grüne Mappe aus meiner Schreibtischschublade und warf einen kurzen Blick hinein. Mein Kündigungsschreiben starrte mich an. Sollte ich noch einmal lesen, was ich geschrieben hatte? Nein! Ich klemmte mir die Mappe unter den Arm, ging den Flur entlang und spürte, wie mein Magen sich verkrampfte. Als ich vor der großen Doppeltür von Alexas Büro stand, hörte ich drinnen Stimmen. Das beunruhigte mich zusätzlich. *Echos der Amygdala!* Da fielen mir Josephs Worte wieder ein: »Sie haben eine Wahl.« Ja, ich hatte eine Wahl. Es war an der Zeit, mein Beobachter-Selbst auf den Plan zu rufen. Ich atmete ein paar Mal tief durch und sammelte mich. »Du kannst mit allem umgehen, was dir bei Alexa bevorsteht, wenn du im Lernmodus bleibst«, sagte ich zu mir selbst. Ich hob meine Hand und klopfte leicht an die *Tür*.

»Kommen Sie nur herein«, rief Alexa fröhlich. Sie öffnete die Tür und begrüßte mich mit einem offenen, freundlichen Lächeln, das meine Stimmung erheblich verbesserte. Joseph saß im Besprechungsbereich auf einem der beiden dick gepolsterten Sofas, zwischen denen der breite Couchtisch stand. Er erhob sich, als ich auf ihn zuging. Wir begrüßten uns, dann setzte ich mich ihm gegenüber. Für einen Moment fiel mein Blick auf einen Gegenstand, der auf dem Couchtisch lag. Es schien sich um ein gerahmtes Bild zu handeln, das mit der Bildseite nach unten lag.

»Haben Sie den Umschlag dabei?«, fragte Alexa und deutete auf die grüne Mappe.

Welchen Umschlag meinte sie? Ich legte die Mappe auf den Couchtisch und schlug sie auf. Erst jetzt erinnerte ich mich an den zugeklebten Umschlag, den sie mir gegeben hatte, als ich eigentlich kündigen wollte. Er war unter meinem Schreiben verborgen gewesen.

»Meinen Sie diesen hier?«, fragte ich und hielt den Umschlag in die Höhe.

Alexa nickte. »Es ist an der Zeit, ihn zu öffnen.«

Joseph zog ein kleines silbernes Taschenmesser aus seiner Hosentasche, klappte es auf und reichte es mir mit dem Griff voran. »Das muss gebührend feierlich gemacht werden«, sagte er mit übertrieben getragener Stimme. Ich konnte in meiner Vorstellung beinahe einen Trommelwirbel vernehmen.

Ich schnitt den Umschlag auf und las eine Notiz in Alexas charakteristischer Handschrift: »Ben in Josephs Ruhmeshalle.« *Was hatte das zu bedeuten?* Nun reichte Joseph mir den Gegenstand, den ich kurz zuvor auf dem Couchtisch bemerkt hatte. Ich nahm ihn zur Hand und bewunderte den wunderschönen Mahagonirahmen, während ich mit meinen Augen das gedruckte Dokument hinter dem Glas überflog. Ich dachte, es wäre vielleicht ein Artikel aus dem ›Fortune‹- oder ›Forbes‹-Magazin. Aber nein, im oberen Teil war ein Foto von *mir* zu sehen. Grace musste es zur Verfügung gestellt haben, da nur sie wusste, dass es mein Lieblingsbild von mir selbst war.

Ich sah auf und begegnete Alexas Blick. »Als ich Sie eingestellt habe«, sagte sie, »wusste ich, dass es ein Risiko war, weil Sie zuvor noch nie eine solche Führungsposition hatten. Es war eine große Unbekannte. Andererseits sind Sie auch nie vor einer Herausforderung zurückgewichen, egal wie groß sie auch war.«

»Tja, es gibt immer ein erstes Mal«, sagte ich. »Hätten Sie mich nicht an Joseph verwiesen, wäre ich vielleicht tatsächlich buchstäblich in der Versenkung verschwunden.«

»Das bezweifle ich sehr. So sehe ich Sie keineswegs, Ben«, sagte Alexa lachend.

»Niemand bestreitet, dass Sie den Ball zunächst verloren haben«, fügte Joseph hinzu. »Beeindruckend war aber, wie Sie wieder auf die Füße gekommen sind und sich den Ball zurückerobert haben, um so zum Erfolg durchzustarten.«

»Die Tatsache, dass Sie sich von Ihren Rückschlägen wieder erholt haben, hat meine Vermutungen über Sie bestätigt«, sagte Alexa. »Häufig lernen wir gerade durch das Scheitern, auf welche Weise uns etwas gut gelingt. Davon bin ich überzeugt. Ich war mir ziemlich sicher, dass Sie sich mithilfe von Josephs Coaching durchsetzen würden.«

Häufig lernen wir gerade durch das Scheitern, auf welche Weise uns etwas gut gelingt.

Sie machte eine Pause, um mir Zeit zu geben, den Artikel zu lesen. Er ähnelte den anderen Berichten in Josephs Question Thinking Ruhmeshalle, die beschrieben, wie verschiedene Menschen das QT eingesetzt hatten, um schwierige Herausforderungen zu meistern. Der Text schilderte, wie ich mein Team zu dem Durchbruch geführt hatte, der zur Rettung von QTec beigetragen hatte. Der Artikel verdeutlichte mir, auf welche Weise das Question Thinking mir dabei geholfen hatte, meine natürlichen Führungsqualitäten zu entwickeln. *Ganz zu schweigen davon, was es für meine Beziehung mit Grace getan hat*, dachte ich schmunzelnd.

Als ich mit dem QT vertrauter wurde, stellte ich positiv überrascht fest, dass die Menschen in meinem Umfeld es ebenfalls nutzten. Es geschah beinahe wie von selbst. Natürlich verteilten Charles und ich Choice Maps an alle Teammitglieder und hängten weitere in all unseren Büros auf. Die Mitarbeiter stellten häufig Fragen dazu, und Charles und ich gaben bereitwillig Auskunft. Selbst nachdem wir ihnen die Choice Map erläutert hatten, hielten die Leute sich häufig noch länger bei der Karte auf, zogen die Pfade darauf mit dem Finger nach und überlegten wahrscheinlich, inwiefern sich die Dinge auf ihr eigenes Leben übertragen ließen.

Als unser Team die Lehren der Choice Map umzusetzen begann, wurde unsere Arbeitsatmosphäre zunehmend entspannter und offener. Wenn jemand von uns sich dabei ertappte, dass er eine negative Einstellung entwickelte, sagte er in der Regel so etwas wie: »Entschuldigung, ich glaube, das war ziemlich kritikerhaft von mir.« Fröhliches Lachen ersetzte die gedrückte Stimmung früherer Zeiten. Wir tauschten uns ungezwungener untereinander aus und waren kreativer, was automatisch zu erfolgreichen Problemlösungen und einer guten Zusammenarbeit führte.

Wir alle stellten jetzt mehr Fragen – Lernfragen. Heute schmunzle ich, wenn ich Kollegen sehe, die tief in Gedanken versunken ihre Choice Map betrachten, um Probleme zu bearbeiten oder sich auf Meetings vorzubereiten. Häufig denke ich über folgende Aussage von Joseph nach: »Wir leben in den Welten, die unsere Fragen erschaffen.« Wie wahr das ist! Ich habe gelernt, auf andere Weise zuzuhören – mit meinen Lernohren natürlich – und bei einem Thema nicht auszuweichen, selbst wenn Konflikte drohen. Allerdings kommt das immer seltener vor.

Heute hängt mein QT-Ruhmeshallendokument stolz hinter meinem Schreibtisch. Eine Kopie davon befindet sich in der Ruhmeshallengalerie in Josephs Büro. Jeden Tag erinnert es mich an die Kraft von Josephs Lehren und daran, wie dankbar ich dafür bin, wie sehr sie mein Leben verändert haben.

Inquiring Leader – Führungskräfte im Fragemodus

Schlechte Führungskräfte richten selten Fragen
an sich selbst oder andere.
Gute Führungskräfte stellen dagegen viele Fragen.
Großartige Führungskräfte stellen großartige Fragen.

Michael Marquardt

Eines Morgens kam Alexa in mein Büro gestürmt und wedelte mit dem Ausdruck eines Artikels aus dem ›Wall Street Journal‹ herum. Mit einem breiten Grinsen ließ sie ihn auf meinen Schreibtisch fallen. Bevor ich den Text lesen konnte, erklärte sie mir, dass sie vor ein paar Wochen nach einem Vortrag, den sie in Washington gehalten hatte, von einem Reporter interviewt worden sei. Sie hatte es fast schon wieder vergessen, doch an diesem Tag hatte sie einen Vorabdruck bekommen, um den Artikel zu autorisieren.

Der Artikel hatte die Überschrift »Inquiring Leadership: Einsatzbereitschaft, Zusammenarbeit und Innovationen am Arbeitsplatz fördern«. Er zeigte, auf welche Weise das Führen mithilfe von Fragen die QTec nicht nur gerettet, sondern auch Gewinne generiert hatte, die alle Erwartungen übertrafen. Mein Blick wanderte zu einem Absatz, in dem Alexa meinen

Namen markiert hatte. In dem Interview hatte sie mich als Beispiel für einen »Inquiring Leader«, eine Führungspersönlichkeit im Fragemodus, genannt, die wir bei QTec förderten. Bisher hatte ich mich nie als Vorbild anderer Menschen gesehen. Ich wusste nicht, was ich sagen sollte. Bevor Alexa mein Büro verließ, rief sie Joseph an, um ihm die Neuigkeiten mitzuteilen. Am Nachmittag trafen wir uns dann zu dritt, um mit einer Flasche von Alexas Lieblingswein auf den Anlass und unsere Zukunft anzustoßen.

»Dieser Artikel ist ein Meilenstein«, sagte Joseph, als er ihn durchgelesen hatte. »Ein Abschnitt sticht mir besonders ins Auge. Es ist ein Zitat von Ihnen, Alexa: ›Jede Unternehmenskultur entsteht entweder aufgrund bestimmter Standardvorgaben oder durch eine gezielte Neugestaltung. Eine Standardgestaltung hat tendenziell negative Auswirkungen und führt zum Kritikermodus. Daher ist es von größter Wichtigkeit, gezielt eine Lernkultur aufzubauen. Das kann nur durch einen bewussten Führungsstil im Lernmodus gelingen.‹«

Alexa nickte. »Das QT führt generell zu einem klareren Denken und einer zielgerichteteren Kommunikation und ist somit universell einsetzbar. Es minimiert zwischenmenschliche Konflikte und fördert letztlich eine größere Produktivität.«

Dann wandte Alexa sich mir zu und sagte: »Joseph ist ein herausragender Berater, der sich vorwiegend auf das Coaching von Einzelpersonen und gelegentliche QT-Workshops konzentriert. Es ist an der Zeit, das QT im gesamten Unternehmen bekannt zu machen. Wie Sie in Ihrem Team gesehen haben, bietet das QT eine gemeinsame Sprache mit einfachen, intuitiv anwendbaren Werkzeugen und Praktiken.«

»Das stimmt«, sagte ich. »Die Kollegen nehmen während der Meetings häufig eine Choice Map zur Hand und sagen so etwas wie: ›Leute, ich glaube, wir befinden uns gerade auf dem

Kritikerpfad‹ oder ›Susans Vorschlag ist brillant. Er bringt uns sofort wieder auf den Lernpfad zurück‹.«

»Das ist toll zu hören«, antwortete Alexa. »Die einzelnen Führungskräfte, die Joseph gecoacht hat, sind mittlerweile Feuer und Flamme für die QT-Techniken. Daher kann ich mir nun auch eine Zeit vorstellen, in der jeder im Unternehmen mit Josephs Arbeit vertraut sein wird.«

»Was ist also der nächste Schritt?«, fragte ich und versuchte, meine Ungeduld zu verbergen. »Welche Rolle habe ich in Ihrem Plan?«

Alexa atmete tief durch. »Zunächst werde ich Ihre Position mit Charles besetzen. Er ist schon seit geraumer Zeit bereit dafür.«

Einen Moment lang spürte ich, dass ich auf den Kritikerpfad gezogen wurde. Sollte das ein Witz sein? Wollte Alexa Charles befördern, indem er mich ersetzte? Was sollte dann aus mir werden? Alexas Ankündigung löste ein paar negative Gefühle bei mir aus, die ich früher auf Charles projiziert hatte. Ich benötigte einen Moment, um meinem inneren Kritiker eine Pause zu verordnen.

»Ich möchte, dass Sie Charles bei diesem Übergang coachen«, sagte Alexa und nickte dabei Joseph zu. Dann sah sie mir fest in die Augen und sagte: »Was Sie betrifft, Ben … Sie sollen das Team leiten, das Question Thinking im *gesamten* Unternehmen verankert – sowohl hier in den USA als auch international und bei unseren mit uns vernetzten Angestellten. Sie werden somit unser QT-Botschafter sein.«

»Was, ich …? Aber …«, stammelte ich.

Alexa schmunzelte wissend. »Sie kennen das QT in- und auswendig, Ben. Die einzigartige Kombination Ihrer Probleme und Ihrer anschließenden Erfolge verleiht Ihnen genau die Qualifikation, die ich mir für diese Führungsposition wünsche.

Sie sollen nicht nur Ihr aktuelles Team leiten, sondern einen Gang höher schalten und größere Ziele verfolgen.«

»Das muss ich erst einmal sacken lassen«, antwortete ich und fügte hinzu: »Ich hoffe, Joseph wird da sein, um mich zu unterstützen.«

Alexa lachte. »Ja, das garantiere ich Ihnen. Wir arbeiten gerade an den Details, listen Mitarbeiter für Ihr Team auf, die besonders begeistert vom QT waren. Zudem wollen wir einen QT-Lehrplan ausarbeiten, der auf der Choice Map basiert und eine peppige, überzeugende E-Learning-Erfahrung ermöglicht. Mir gefällt die Idee, dass die Leute online sowohl allein als auch in der Gruppe lernen können. Dabei sollen auch die sozialen Medien mit eingebunden werden. Wir sollten Einzelpersonen und Teams dazu auffordern, anderen Nutzern ihre Erfolgsgeschichten mit dem Lernmodus mitzuteilen und sich über neue Wege auszutauschen, wie sich die QT-Tools anwenden lassen.«

»Das ist eine spannende Vision«, sagte ich. Doch spürte ich auch, wie die Angst vor der neuen Aufgabe mir einen Stich versetzte. »Das kommt alles sehr überraschend für mich. Sind Sie sicher, dass ich bereit dafür bin? Womit soll ich überhaupt anfangen?«

Alexa und Joseph tauschten vielsagende Blicke aus. »Sie können damit anfangen, Ihre eigene Geschichte zu erzählen«, antwortete Joseph. »Seien Sie authentisch. Beim Führen anderer Menschen zählt nicht nur, was man tut, sondern genauso, wer man ist. Sagen Sie den Menschen, an welchem Punkt Sie angefangen haben, wo Sie im Moment stehen und wie das QT Sie persönlich, Ihr Team und das gesamte Unternehmen verändert hat.«

Beim Führen anderer Menschen zählt nicht nur,
was man tut, sondern genauso, wer man ist.

»Sprechen Sie über Ihre Kämpfe sowie über Ihre Erfolge. Das ist eine großartige Art und Weise, Vertrauen und Allianzen aufzubauen – *Lernallianzen* –, die andere dazu motivieren, sich Ihre Einstellungen und Fähigkeiten anzueignen. Ihre Effektivität als Führungskraft wird häufig von solchen Lernallianzen abhängen. Dabei spielen gegenseitiges Vertrauen und Respekt eine große Rolle. Sie basieren darauf, dass Sie mit gutem Beispiel vorangehen. Denn so erkennen die anderen Menschen, wie authentisch Sie sind. Sie wissen, wovon Sie sprechen, weil Sie es selbst erlebt haben und nun beispielhaft *vorleben*, wovon Sie überzeugt sind. Sie machen es anderen leicht zu denken: »Wenn er es kann, dann kann ich es auch.« Diese Überzeugung wird umso realer, sobald die Leute erkennen, dass es sich beim QT um praktische, erlernbare Fähigkeiten handelt und nicht um die einzigartige Begabung eines Einzelnen.«

»So wie die Instrumente im QT-Arbeitsbuch«, sagte ich. »Sie haben mein Team und mich gerettet.«

Alexa nickte enthusiastisch. »In der heutigen Welt müssen wir lernfähig und resilient sein. Wir müssen in der Lage sein, rasch und strategisch zu handeln. Die Lernkultur befähigt uns dazu.« Sie machte eine Pause. »Ein Zitat von Edgar H. Schein, das mir stets gefallen hat, lautet: ›Die Schaffung und die Steuerung von Kultur machen die einzige wirklich wichtige Tätigkeit von Führungspersönlichkeiten aus.‹«

»So ist es«, bestätigte Joseph und fügte hinzu: »In einem weiteren wichtigen Satz ermahnt uns Schein: ›Entweder sie bemühen sich um ein Verständnis der Kultur, der sie angehören, oder sie lassen sich unbewusst von ihr steuern.‹«

Alexa sah in meine Richtung. »Dies ist ein wichtiger Teil Ihrer Aufgabe«, sagte sie. »Sie werden Ihren Finger am Puls der Unternehmenskultur von QTec haben und beobachten, wie sie sich auf die Mitarbeiter auswirkt. Sie haben das Stadium des Antworten-Mannes hinter sich gelassen, Ben. Ich biete Ihnen eine Führungsposition als unser globaler QT-Botschafter an.«

Wir sahen uns eine halbe Ewigkeit lang fest in die Augen. Schließlich sagte ich: »Ich komme mir wie der sprichwörtliche Pionier vor, der zu neuen Ufern aufbricht.«

»Sie werden feststellen, dass Sie mehr wissen, als Sie meinen«, sagte Alexa. »Davon bin ich absolut überzeugt.«

»Und außerdem sind Sie mit einer Karte ausgestattet!«, fügte Joseph grinsend hinzu und deutete auf die Choice Map, die wunderschön eingerahmt an Alexas Bürowand hing.

»So ist es«, pflichtete Alexa ihm bei. »Sie haben alle Hilfsmittel, die Sie brauchen. Stellen Sie sich vor, was wir erreichen könnten, wenn die meisten von uns überwiegend im Lernmodus wären!«

Sie warf Joseph einen vielsagenden Blick zu. Dieser nickte ihr zu. Dann wandte sie sich wieder an mich: »Wie sieht es aus, Ben? Haben Sie irgendwelche Fragen?«

»Fragen? Darauf können Sie wetten. Ich habe eine Million Fragen! Ich bin ein Verfechter des Einstein-Zitats geworden, das Sie überall aufgehängt haben – *Hinterfrage alles!*«

Im Raum herrschte kurzes Schweigen, dann brachen wir alle drei in herzhaftes Gelächter aus.

»Sie beide sind beeindruckend«, bemerkte Joseph, als wir uns wieder beruhigt hatten. »Großartige Dinge geschehen hier, für jeden. Gezielt eine Lernkultur zu entwickeln – was für eine inspirierende Vision! Da muss ich mich einfach fragen: *Was kann das QT uns allen ermöglichen – jetzt und in der Zukunft?*«

12 wirksame Tools für den Beruf und das Leben

Im Folgenden finden Sie die 12 Question-Thinking-Tools, die Joseph Ben vermittelt hat. Sie sind ungefähr in der Reihenfolge angeordnet wie in der Geschichte. Ich habe zudem Verweise eingefügt, damit Sie nachlesen können, wie Ben die einzelnen Instrumente eingesetzt und jeweils davon profitiert hat.

Jedes Instrument ist ein fester Bestandteil des QT-Systems. Daher werden Sie wahrscheinlich feststellen, dass die 12 Tools ineinandergreifen und sich gegenseitig ergänzen.

Wie beim Erlernen jeder neuen Fähigkeit werden Sie auch diese Tools immer besser beherrschen, je mehr Sie sie nutzen. Betrachten Sie diesen Prozess wie das Training von Athleten, die versuchen, Bestleistungen zu erreichen. Wenn Sie die Übungen in diesem Arbeitsbuch durchmachen, bilden Sie sozusagen Ihre QT-Muskeln aus und stärken sie.

Sie werden feststellen, dass die beiden letzten Tools sich in gewisser Weise von den anderen unterscheiden. Sie fassen die Kernideen zusammen und bringen sie in aller Kürze auf den Punkt, damit sich die QT-Prinzipien geistig fest einprägen und so jederzeit zur Verfügung stehen. Viele Coaches und Spezialisten, die im Bereich der Förderung von Führungskompetenzen tätig sind, sowie andere Berater in der Organisationsentwicklung haben festgestellt, dass die Tools aus diesem Arbeitsbuch sich gut mit ihren eigenen individuellen Arbeitsweisen kombinieren lassen.

Hier sind ein paar Vorschläge, wie es Ihnen gelingt, die Instrumente selbst zu nutzen und sie anderen zu vermitteln – vor allem zur Förderung einer Lernkultur am Arbeitsplatz. Viele Organisationen nutzen die QT-Methodik, um sich in Diskussionsgruppen auf Themen wie Zusammenarbeit im Team, Produktivität, Kommunikation und Innovation auszurichten. Es kann hilfreich sein, Kopien der Choice Map als Erinnerungsstütze und Anleitung in den Büros und Konferenzräumen aufzuhängen.

Immer wieder teilen Leser mir mit, auf welche Weise Question Thinking viele Bereiche ihres Lebens positiv verändert hat – ihre engsten Beziehungen, ihre finanzielle Situation, ihre Gesundheit, ihre sportlichen Ziele, ihre Versuche, das eigene Gewicht zu kontrollieren, und sogar die Erziehung ihrer Kinder im schwierigen Teenageralter! Auch Selbsthilfegruppen, gemeinnützige Organisationen, Buchclubs und Kirchengruppen verwenden die QT-Ideen und -Prinzipien.

Ich freue mich sehr, wenn ich etwas von meinen Lesern höre. Vor allem freue ich mich über Berichte, wie QT ihr Leben verändert hat – ob beruflich oder privat. Ich lade Sie dazu ein, sich unserer Lerngemeinschaft unter der Internetadresse www.InquiryInstitute.com anzuschließen. Hier bekommen Sie Zugang zu Blogs und weiteren Quellen und können mit anderen Menschen eine dynamische und wachsende Lernallianz aufbauen.

Die zwölf Tools des Question Thinkings

Tool 1 Den inneren Beobachter stärken

Tool 2 Die Choice Map als Orientierungshilfe verwenden

Tool 3 Die Kraft der Fragen nutzen

Tool 4 Lern- und Kritikermodus sowie Lern- und Kritikerfragen voneinander unterscheiden

Tool 5 Sich mit dem inneren Kritiker anfreunden

Tool 6 Vermutungen hinterfragen

Tool 7 Von Umschaltfragen profitieren

Tool 8 Lernteams bilden

Tool 9 Mit Q-Storming zum Durchbruch

Tool 10 Die Top 12 der Erfolgsfragen

Tool 11 Sich selbst und andere coachen

Tool 12 Führen mit der Kraft des Question Thinkings

Tool 1: Den inneren Beobachter stärken

Siehe Kapitel 2 »Herausforderung angenommen«

Ziel: Dieses Tool fördert unsere Fähigkeit, innerlich ruhig zu sein sowie uns selbst und anderen aufmerksam zu begegnen. Das ist die Basis für eine Gelassenheit, die uns hilft, präsenter, fokussierter, einfallsreicher zu werden und strategischer zu handeln. Das Beobachter-Selbst ist überdies die Voraussetzung für eine objektivere Selbstreflexion sowie die Fähigkeit, gezielt Veränderungen herbeizuführen.

Erläuterung: Im zweiten Kapitel lernt Ben, sich selbst von außen wahrzunehmen und seine Gedanken und Gefühle sowie sein Handeln unvoreingenommen zu betrachten. Joseph erklärt ihm, dass wir alle diese Beobachtungsgabe haben. Wenn wir sie einsetzen, empfinden wir dies manchmal so, als würden wir einen Film sehen, in dem wir einer der Schauspieler sind, oder wir nehmen unser eigenes Handeln aus einer großen Distanz wahr. Je mehr wir unsere Beobachtungsgabe entwickeln, desto besser haben wir unsere Gedanken, Gefühle und unser Handeln unter Kontrolle – und desto weniger lassen wir uns durch andere Menschen und äußere Umstände kontrollieren.

Aus der Position eines Beobachters heraus sind wir in der Lage, tatsächlich wahrzunehmen, *was ist*. Wir sind in gewisser Weise von unseren Gedanken und Gefühlen losgelöst. So können wir zwischen unserer Wahrnehmung und unseren Meinungen unterscheiden und erkennen, was wirklich in unserem

Umfeld geschieht. So nehmen wir »achtsamer« wahr, welche Rolle unsere eigenen Emotionen, Meinungen, Prägungen oder Anhaftungen dabei spielen, wie wir die Welt sehen. Viele spirituelle und philosophische Traditionen sehen diese Beobachtungsgabe als natürliche Fähigkeit, die durch Praktiken wie etwa Meditation oder die in diesem Buch beschriebenen Techniken gefördert wird.

Ist es überhaupt möglich, die wahren, realen Dinge hundertprozentig objektiv und aufgeschlossen zu betrachten? Natürlich nicht. Aber auf einen Beobachtungsmodus umzuschalten – egal, in welchem Maße uns das gelingt – ist eine außerordentlich wertvolle Fähigkeit, um sich mit Veränderungen auseinanderzusetzen, Entscheidungen zu treffen, unter Druck effektiv zu arbeiten und gut mit anderen Menschen auszukommen. Mit dem Beobachter-Selbst sind wir in einer idealen Position, um uns unserer eigenen Fragen bewusst zu werden und auf Lernfragen umzuschalten, falls wir uns auf dem Kritikerpfad befinden.

Hier sind drei einfache Methoden, um Ihre Beobachtungsgabe zu fördern.

Übung 1: Wenn das Telefon bei Ihnen zu Hause oder in der Arbeit das nächste Mal klingelt, lassen Sie es einfach läuten. Nehmen Sie das Klingeln bewusst wahr und beobachten Sie Ihre Reaktion darauf. Vielleicht möchten Sie am liebsten sofort zum Telefon eilen und den Anruf entgegennehmen oder nachsehen, wer anruft. Beobachten Sie genau, was in Ihrem Geist und Ihrem Körper abläuft, ohne aktiv zu werden (das heißt, ohne ans Telefon zu gehen) oder an den Gedanken und Gefühlen festzuhalten, die durch das Klingeln hervorgerufen werden.

Falls Sie möchten, stellen Sie sich vor, dass Ihre Gedanken und Gefühle wie Wolken sind, die am Himmel vorüberziehen. Beobachten Sie die sich verändernde Szenerie einfach ruhig.

Übung 2: Wenn Sie angesichts einer Herausforderung den Impuls verspüren zu handeln oder wenn Sie bestimmte Gedanken und Gefühle zum Ausdruck bringen möchten, sollten Sie erst einmal auf den Beobachtermodus umschalten. Machen Sie sich bewusst, dass Sie – genauso wie beim klingelnden Telefon – nicht auf diese Impulse reagieren müssen. Sie können sich in Geduld üben, während Sie die Situation einfach beobachten. Wenn Sie dann tatsächlich aktiv werden, können Sie überlegter, strategischer und achtsamer handeln.

Übung 3: Wenn Sie das nächste Mal mit einer wichtigen Entscheidung konfrontiert sind oder feststellen, dass der Kritikermodus sich Ihrer bemächtigt hat, sollten Sie sich ein paar Minuten Zeit für sich selbst nehmen. Setzen Sie sich ruhig hin und beobachten Sie, was Sie in diesem Moment denken, fühlen und wollen. Versprechen Sie sich selbst, noch nichts zu unternehmen, egal, was Sie auch wahrnehmen mögen. Beobachten Sie einfach und nehmen Sie alles wahr.

Grundsätzlich stellt der innere Beobachter ruhig eine einzige Frage: *Was geschieht in diesem Moment?* Sobald Ihr innerer Beobachter erfahrener und versierter ist, erkennen Sie immer besser, wann Sie sich im Kritikermodus befinden, und akzeptieren immer schneller, dass es in diesem Moment eben so ist. Der Moment des »Aufwachens«, des Erkennens, in welchem Modus wir uns befinden, verleiht jedem von uns die befreiende Kraft, eine selbstbestimmte Entscheidung zu treffen.

Tool 2: Die Choice Map als Orientierungshilfe verwenden

Siehe Kapitel 3 »Die Choice Map«

Ziel: Die Karte liefert uns einen visuellen Überblick und eine Anleitung dazu, wie sich Lern- und Kritikermodus erkennen lassen, und bietet uns darüber hinaus einen Zugang zu den Fragen und der Zukunft, zu der die jeweiligen Fragen führen könnten.

Erläuterung: Sie können die Choice Map als Achtsamkeitsinstrument nutzen. In unserer Geschichte hilft sie Ben, sich bewusst zu machen, welche Fragen er stellt – Lern- oder Kritikerfragen –, und darüber nachzudenken, wie er seine Fragen verändern kann, um möglichst gute Ergebnisse zu erzielen. Hier sind vier Möglichkeiten, mit der Choice Map zu arbeiten.

Übung 1: Stellen Sie sich vor, Sie sind die Figur an der Weggabelung auf der linken Seite der Choice Map. Irgendein Gedanke oder Gefühl hat sich gerade bei Ihnen eingestellt oder irgendetwas hat sich gerade ereignet. Es hat vielleicht mit irgendeinem Bereich Ihres Lebens zu tun, sei es beruflich oder privat. Experimentieren Sie, indem Sie jeden Pfad für sich genommen in Gedanken entlanggehen. Stellen Sie sich also entweder Kritiker- oder Lernfragen zu der Situation und denken Sie dann sorgfältig darüber nach, zu welchen Ergebnissen diese jeweils führen könnten. Wenn Sie im Kritikermodus landen, sollten Sie überlegen, welche Umschaltfragen Sie zur Abzweigung führen könnten, und dann zum Lernmodus zurück-kehren. Betrachten Sie die Choice Map und stellen Sie sich die folgenden Fragen: *Wo stehe ich genau jetzt? Befinde ich mich im Kritikermodus? Wo möchte ich gern sein? Was ist letztlich mein Ziel in dieser Situation? Welcher Weg führt mich dorthin?*

Übung 2: Sie können die Choice Map nutzen, um etwas aus einer Situation in der Vergangenheit zu lernen, die nicht so ge-laufen ist, wie Sie es sich gewünscht haben. Mithilfe der Choice Map können Sie erkennen, ob Sie vom inneren Kritiker domi-niert wurden und dieser Ihren Erfolg verhindert hat. Wenn das der Fall war, was können Sie daraus lernen? Wie würden Sie angesichts dieser Erkenntnis mit der gleichen Situation umgehen?

Übung 3: Sie können mithilfe der Choice Map auch etwas aus einer Situation lernen, die *gut* gelaufen ist. Welche Lernfragen haben dazu geführt? Auf welche Weise haben diese Fragen Ihnen dabei geholfen, den Kritikersumpf zu meiden? Falls sich der innere Kritiker eingeschaltet hat, welche Umschaltfragen hätten Sie stellen können, um auf den Lernpfad zu gelangen? Welche hilfreichen Lehren können Sie aus diesen Beobachtun-gen für sich ableiten?

Übung 4: Geben Sie die Choice Map an andere Menschen wei-ter, ob in der Arbeit oder in Ihrem privaten Umfeld, denn dann werden Sie mindestens so viel zurückbekommen, wie Sie den anderen geben. Ein Spruch aus dem Medizinstudium lau-tet: »Du musst etwas einmal sehen, es selbst einmal tun, es jemand anderem einmal beibringen, dann hast du es wirklich verinnerlicht!« Sie könnten die Choice Map zum Beispiel an einen Menschen, den Sie coachen, an ein Teammitglied oder eine Projektgruppe weitergeben. Viele Leser zeigen die Choice Map auch Angehörigen und Freunden. Es ist ein idealer Weg, um Lernbeziehungen und positive Ergebnisse bei den Menschen im eigenen Umfeld zu fördern. Noch ein Hinweis: Sie sollten im Lernmodus sein, wenn Sie die Choice Map an andere weitergeben!

Tool 3: Die Kraft der Fragen nutzen

Siehe Kapitel 2 »Herausforderung angenommen«

Dieses Tool besteht aus zwei Teilen: Beim ersten (A) geht es darum, uns *innere Fragen* (solche, die wir an uns selbst richten) bewusster zu machen und sie effektiver einzusetzen. Mithilfe des zweiten Tools (B) können wir produktivere und genauere *zwischenmenschliche Fragen* stellen (solche, die wir an andere richten).

A: Innere Fragen

Ziel: Dieses Instrument unterstützt uns dabei, unsere Selbst-Qs besser wahrzunehmen und die Quantität und Qualität unserer inneren Fragen zu fördern – derjenigen, die wir an uns selbst richten.

Erläuterung: Ben beginnt sich zu verändern, sobald er erkennt, dass die Fragen, die er sich selbst stellt – sowohl die Lern- als auch die Kritikerfragen – eine enorme Auswirkung auf die Ergebnisse haben, die er erzielt. Ab diesem Zeitpunkt verändert er seine Fragen mithilfe der Tools des QT-Systems.

Unser gesamtes Handeln wird durch innere Fragen angetrieben, die wir an uns richten, egal ob wir uns dessen bewusst sind oder nicht. Selbst jede einfache Aktivität basiert auf solchen Fragen. Erinnern Sie sich zum Beispiel daran, wie Sie einmal für eine Reise gepackt haben. Sie sind zum Schrank gegangen, zu Ihrer Kommode und vielleicht zu Ihrem Arznei-schrank und haben sich Fragen wie diese gestellt: *Wie wird das Wetter sein? Brauche ich eine schicke Abendgarderobe und Frei-zeitkleidung? Was lässt sich gut und knitterfrei einpacken? Wie lange werde ich fort sein?* Sie haben Ihre Fragen zunächst im Geist beantwortet, dann eine Entscheidung getroffen und dar-aufhin etwas *getan*. Sie haben einige Dinge ausgewählt und sie in Ihren Koffer gepackt.

Machen Sie sich bewusst, dass Sie sich sehr unterschiedli-che Fragen stellen würden, je nachdem, ob Sie beispielsweise in Afrika auf Safari gehen oder eine zauberhafte Woche in Paris verbringen wollten. Und was wäre, wenn Sie am Ziel ankommen und feststellen würden, dass Sie etwas vergessen haben? Das würde schlicht bedeuten, dass Sie beim Packen für die Reise vergessen hätten, sich diesbezüglich eine Frage zu stellen.

Mithilfe der folgenden beiden Übungen fördern Sie Ihre Wahrnehmung der Selbst-Qs. Sie sind sehr einfach. Die erste lässt Sie erkennen, wie *häufig* Sie sich in Ihrem Leben innere Fragen stellen. Bei der zweiten Übung konzentrieren Sie sich auf die *Art* dieser Fragen sowie auf die Erfahrungen und Er-gebnisse, zu denen diese Sie führen.

Übung 1: Führen Sie morgens beim Aufstehen eine kleine persönliche Untersuchung zu Ihren Fragen durch. Achten Sie darauf, welche Fragen Sie sich beim Anziehen stellen. Fragen Sie sich dann im Laufe des Tages von Zeit zu Zeit, welche inne-ren Fragen zu Ihrem Verhalten in der jeweiligen Situation ge-führt haben, und zwar sowohl was Ihre eigenen Aktivitäten als auch was Ihren Umgang mit anderen betrifft. Vielleicht brau-chen Sie etwas Geduld, um die Fragen zu erkennen, die zu dem jeweiligen Verhalten geführt haben. Aber bleiben Sie dran, bis Ihnen klar ist, welch einflussreiche Rolle diese Selbst-Qs in Ihrem Leben spielen.

Übung 2: Beobachten Sie im zweiten Teil Ihrer Selbst-Untersuchung, wie Sie auf Dinge reagieren, die sich an diesem Tag ereignen. Ist Ihr erster Gedanke eine Aussage, also eine Antwort, oder handelt es sich um eine Frage? Falls Ihr erster Gedanke eine Aussage ist, sollten Sie damit herumexperimentieren und sie in eine Frage verwandeln. Achten Sie darauf, wie sich Ihre Stimmung, Ihr Verhalten oder Ihr Umgang mit anderen Menschen verändert, wenn Sie eine Aussage in eine Frage verwandeln. Achten Sie überdies auf jeden Zusammenhang zwischen Ihren Aussagen oder Fragen und den Erfahrungen und Ergebnissen, zu denen sie führen.

B: Zwischenmenschliche Fragen

Ziel: Mit diesem Instrument machen wir uns die Fragen bewusst, die wir an andere richten, und achten auf ihre potenzielle Wirkung. Zudem fördern wir die Quantität und Qualität unserer Fragen.

Erläuterung: In unserer Geschichte hilft Joseph Ben dabei zu verstehen, wie wichtig es ist, Fragen an andere zu stellen, um:

- Informationen zu sammeln,
- Verständnis zu entwickeln und die Voraussetzungen für eine Lernatmosphäre zu schaffen,
- vorgefasste Meinungen zu erkennen und zu hinterfragen,
- Beziehungen aufzubauen, zu verbessern und zu pflegen,
- sich klar und deutlich auf das Zuhören auszurichten,

- Kreativität und Innovationen zu fördern,
- Konflikte zu lösen und die Zusammenarbeit zu unterstützen,
- sich Ziele zu setzen und Aktionspläne zu entwickeln,
- neue Möglichkeiten zu eruieren, zu erkennen und zu entwickeln.

Übung 1: Wie sieht das Verhältnis Ihrer Fragen im Vergleich zu Ihren Aussagen aus? Erzählen Sie in Gesprächen mit anderen Menschen mehr oder stellen Sie überwiegend Fragen? Üben Sie heute bei mindestens einem Gespräch, mehr Fragen zu stellen und viel weniger zu erzählen oder Ratschläge zu erteilen. Was fällt Ihnen bei diesem Experiment auf?

Übung 2: Erinnern Sie sich an eine Zeit, in der eine bestimmte Frage sich positiv auf Ihr privates oder berufliches Leben ausgewirkt hat. War es eine innere Frage oder hat ein anderer sie Ihnen gestellt? Wie lautete sie? Wozu führte die Frage? Was genau an dieser Frage führte zur Veränderung?

Tool 4: Lern- und Kritikermodus sowie Lern- und Kritikerfragen voneinander unterscheiden

Siehe Kapitel 3 »Die Choice Map«
Dort (S. 53) finden Sie die Liste der Lern- und Kritikerfragen

Siehe Kapitel 6 »Umschaltfragen«
Dort (S. 90–91) finden Sie die vollständige Tabelle zum Lern- und Kritikermodus

Ziel: Dieses Tool hilft uns, in jedem Moment zwischen Lern- und Kritikermodus zu unterscheiden und darauf zu achten, wie diese unser Denken und Handeln sowie unsere Beziehungen und Ergebnisse beeinflussen.

Erläuterung: Im dritten Kapitel erfährt Ben von Joseph, wie er mithilfe der Liste der Lern- und Kritikerfragen erkennen kann, welche Fragen er stellt und wie diese sich auf ihn, auf andere Menschen und auf bestimmte Situationen auswirken. Während Ben sich immer mehr mit dem Question Thinking vertraut macht, gibt Joseph ihm Instrumente an die Hand, die dazu dienen, den Lern- und Kritikermodus zu identifizieren sowie Lern- und Kritikerbeziehungen zu erkennen.

Mit der folgenden Übung können Sie eine ähnliche Erfahrung machen wie Ben, als er seine Fähigkeit entwickelte, mithilfe geistiger, emotionaler und körperlicher Signale zwischen dem Lern- und dem Kritikermodus zu unterscheiden. Sie können sich die Fragen in dieser Übung selbst vorlesen oder jemand anderen darum bitten.

Übung: Sehen Sie sich die Spalte mit dem Kritikermodus in der Tabelle der Lern- und Kritikerfragen an und achten Sie darauf, wie die Fragen sich auf Ihren Körper, Ihre Emotionen und auf Ihren Geist auswirken. Möglicherweise fühlen Sie sich – wie die meisten Menschen – aufgrund der Kritikerfragen verunsichert, energielos, schlecht gelaunt, angespannt oder sogar etwas deprimiert. Ich führe diese Übung häufig in Workshops durch. Manche Teilnehmer haben sogar berichtet, dass sie aufgrund der Kritikerfragen die Luft angehalten oder Kopfschmerzen bekommen haben.

Nun ist es an der Zeit, in den Lernmodus umzuschalten. Atmen Sie tief ein, lösen Sie sich vom Kritikermodus und lesen Sie dann langsam die Lernfragen auf der rechten Seite der Liste oder lassen Sie sich diese vorlesen. Beobachten Sie, wie Sie sich jetzt fühlen. Viele Menschen berichten, dass Sie sich aufgrund von Lernfragen energievoller, optimistischer, aufgeschlossener, hoffnungsvoller und entspannter fühlen. Zudem fühlen sie sich ermutigt, nach Lösungen und Möglichkeiten zu suchen. Ein Workshopteilnehmer bemerkte: »Wenn ich mit Lernaugen schaue, blicke ich hoffnungsvoll in die Zukunft.«

Fragen können unterschiedliche Stimmungen bei uns auslösen, je nachdem, mit welchem Modus sie verknüpft sind. Und diese verschiedenen Stimmungen sorgen dafür, dass wir unterschiedlich denken, handeln und mit anderen Menschen umgehen. Die Erfahrungen und die Welt der Möglichkeiten im Lernmodus unterscheiden sich von denen im Kritikermodus.

Erkunden Sie, wie sich die beiden Grundhaltungen jeweils auf Ihren Umgang mit den Menschen in Ihrem Umfeld auswirken. Welchen Einfluss hat der innere Kritiker – Ihr eigener oder der eines anderen – auf die Kommunikation mit einem Kollegen, dem Partner, einem Kind oder einem Freund? Fragen Sie sich anschließend, welche Wirkung eine Lernhaltung – Ihre eigene oder die des anderen – auf ähnliche Situationen hat.

Tool 5: Sich mit dem inneren Kritiker anfreunden

Siehe Kapitel 4 »Wir sind alle Kritiker«

Ziel: Dieses Tool dient dazu, den inneren Kritiker bei uns selbst und anderen bewusster wahrzunehmen und ihn zu akzeptieren, damit wir mit seiner Anwesenheit klarkommen, anstatt automatisch auf ihn zu reagieren.

Erläuterung: Im vierten Kapitel erkennt Ben seinen inneren Kritiker immer deutlicher, was ihn zunehmend frustriert. Doch Joseph hilft ihm, aus dieser scheinbaren Zwickmühle herauszukommen, indem er ihn dazu ermutigt, sich mit dem inneren Kritiker anzufreunden.

Obwohl es paradox erscheinen mag – je mehr wir den inneren Kritiker bei uns selbst und anderen akzeptieren und je freundlicher wir ihm begegnen, desto freier können wir in jedweder Situation die besten Entscheidungen treffen. Es ist essenziell, sich des inneren Kritikers bewusst zu sein und ihn zu akzeptieren, da dies unsere Fähigkeit fördert, in den Lernmodus umzuschalten. In diesem Modus sind wir überaus fokussiert, einfallsreich und strategisch und haben die stärkste Verbindung zu anderen.

Die folgenden Übungen fördern Ihre objektive Wahrnehmung des inneren Kritikers. Halten Sie nach jeder Übung schriftlich fest, was Sie beobachtet haben und welche Erkenntnisse und Freiheiten Sie durch die Wahrnehmung und die Akzeptanz des inneren Kritikers gewonnen haben.

Übung 1: Wenn Sie sich selbst und/oder andere im Kritikermodus ertappen, können Sie das in einem Notizbuch festhalten. Schreiben Sie zudem all Ihre Kritikerfragen auf und notieren Sie körperliche Wahrnehmungen oder Gemütsverfassungen, die Sie mit dem Kritikermodus in Verbindung bringen.

Übung 2: Streifen Sie sich ein Gummiband über das Handgelenk und lassen Sie es leicht zurückschnappen, wenn Sie erkennen, dass der innere Kritiker sich Ihrer bemächtigt hat. Jedes Mal, wenn das Gummiband zurückflutscht, lächeln Sie und beglückwünschen sich zu Ihrer Wahrnehmung.

Übung 3: Nehmen Sie sich in einer neutralen Situation, zum Beispiel beim Fernsehen, etwas Zeit, um den Kritikermodus so stark auszuleben wie möglich. Sie können zum Beispiel ungehemmt die Frisur, die Stimme oder Kleidung eines Nachrichtensprechers kritisieren. So fördern Sie Ihr Bewusstsein für den Kritikermodus und damit Ihre Fähigkeit, bewusst auf den Lernmodus umzuschalten.

Übung 4: Verurteilen Sie den inneren Kritiker nicht! Wenn Sie erkennen, dass Sie den Kritikermodus bei sich selbst oder bei anderen negativ bewerten, sollten Sie einen Schritt zurücktreten und Ihr Beobachter-Selbst dazu beglückwünschen, dass es so aufmerksam ist. Denn das schenkt Ihnen die Freiheit, sich zu entscheiden.

Jedes Mal, wenn Sie diese Übungen machen, stärken Sie Ihr Beobachter-Selbst sowie Ihre Fähigkeit umzuschalten und aus dem Lernmodus heraus zu agieren. Das ist einer der vielen Vorteile, die uns zuteilwerden, wenn wir den inneren Kritiker erkennen und akzeptieren!

Tool 6: Vermutungen hinterfragen

Siehe Kapitel 9 »Wenn die Magie funktioniert«

Ziel: Dieses Tool dient dazu, Fehler und unbeabsichtigte Konsequenzen zu vermeiden, die auf falschen oder unvollständigen Informationen beruhen – sowohl im eigenen Denken als auch im Zusammensein mit anderen Menschen im beruflichen oder privaten Bereich.

Erläuterung: Sowohl Ben als auch Grace hatten falsche Vorstellungen voneinander sowie von ihren Kollegen. Solche falschen Vermutungen untergraben eine effektive Kommunikation und angemessenes kreatives Denken. Falsche Meinungen machen es unmöglich, befriedigende Beziehungen aufzubauen und aufrechtzuerhalten. In Kapitel 11 (S. 146 ff.) erfahren wir, wie Ben und Grace die falschen Vorstellungen in ihrer Beziehung klären.

Wenn wir eine Vermutung anstellen, denken wir – möglicherweise ohne jegliche Grundlage –, dass sie stimmt. Falsche Vermutungen können unsere Bemühungen sabotieren, unsere Ziele und sehnlichsten Wünsche umzusetzen. Sobald wir unseren Irrtum ans Licht gebracht haben, erhalten wir neue Erkenntnisse und kreative Möglichkeiten und kommen somit auf eine positivere Weise vorwärts.

Wie finden Sie heraus, ob Ihre Vermutungen zutreffen, damit Sie nicht darüber stolpern und letztlich »Vermutizid« begehen? Zunächst sollten Sie den Mut und die Bereitschaft aufbringen, Ihre Vermutungen zu erkennen und zu überprüfen. Die Gewohnheit, uns selbst und anderen geschickte Fragen zu stellen, hilft uns, Irrtümer aufzuspüren und wertvolle neue Informationen und Perspektiven zu entdecken.

Übung: Denken Sie an eine Situation, in der Sie feststecken, frustriert sind oder sich eine Veränderung beziehungsweise andere Ergebnisse wünschen. Nutzen Sie die folgende Fragenliste zur Identifizierung von Vermutungen, um Irrtümer aufzudecken, die Ihren Erfolg möglicherweise blockieren oder gänzlich verhindern. Denken Sie gut über jede Frage nach, um bestmögliche Ergebnisse zu erhalten, und schreiben Sie Ihre Antworten auf. Häufig führt der Prozess des Schreibens zu einer gründlicheren Reflexion und profunderen Erkenntnissen.

– Welche Vermutungen stelle ich über mich selbst an?
– Welche Vermutungen stelle ich über andere an?
– Welche meiner Vermutungen basieren auf der Vergangenheit und treffen jetzt vielleicht nicht mehr zu?
– Wie schätze ich die zur Verfügung stehenden Ressourcen ein?
– Was halte ich für unmöglich – oder für möglich?

Tool 7: Von Umschaltfragen profitieren

Siehe Kapitel 6 »Umschaltfragen«

Siehe Kapitel 7 »Mit anderen Augen sehen, mit anderen Ohren hören« für die BASE-Formel (S. 98 ff.)

Ziel: Mit diesem Tool fördern wir Kurskorrekturen vom Kritiker- zum Lernpfad.

Erläuterung: Im sechsten Kapitel präsentiert Joseph Umschaltfragen, besondere Lernfragen, die auf der Fähigkeit basieren, den Kritikermodus wahrzunehmen. Ben lernt, Umschaltfragen zu stellen, wann immer er sich im Kritikermodus befindet. Die Choice Map hilft ihm, sich an diese Abkürzung vom Kritikerpfad zum Lernpfad zu erinnern.

Betrachten Sie die Umschaltfragen als »Rettung«, »Kehrtwende« oder »Kurskorrektur«. Diese Fragen können Sie aus dem Kritikermodus befreien oder vor dessen Konsequenzen bewahren. Mit Umschaltfragen können Sie einen neuen Kurs einschlagen und manchmal auch einen entscheidenden Durchbruch erzielen. Es ist wie bei der Entwicklung jeder Fähigkeit – je häufiger Sie Umschaltfragen einsetzen, desto besser beherrschen Sie diese.

Umschaltfragen sind per se »Von-zu-Fragen«, da sie uns *vom* Kritikerpfad *zum* Lernpfad bringen. Wir alle nutzen Umschaltfragen, ob wir das erkennen oder nicht. Je mehr wir uns das bewusst machen, desto gezielter können wir sie einsetzen.

Die besten Umschaltfragen sind diejenigen, die für Sie am

natürlichsten und greifbarsten sind. Diese Fragen ziehen Sie am mühelosesten und konsequentesten heran. Je besser Sie sich diese Fragen einprägen, desto effektiver sind sie. Die folgende Liste mit Umschaltfragen enthält einige Vorschläge, die Workshopteilnehmer im Laufe der Jahre beigesteuert haben.

- Bin ich im Kritikermodus? (Diese Beobachtung steht immer an erster Stelle.)
- Möchte ich mich so fühlen?
- Möchte ich das tun?
- Wo wäre ich jetzt lieber?
- Wie komme ich dorthin?
- Funktioniert das?
- Was sind die Fakten?
- Wie kann ich anders darüber denken?
- Wovon gehe ich aus?
- Was denkt, fühlt und will der andere?
- Kann ich die Situation mit Humor betrachten?
- Welche Wahl treffe ich beziehungsweise wofür entscheide ich mich nun?

Ergänzen Sie die Liste mit weiteren Umschaltfragen, sobald Ihnen welche einfallen.

Übung 1: Denken Sie an eine Situation in der Vergangenheit, die schwierig oder frustrierend für Sie war, die Sie aber zum Positiven wenden konnten. Überlegen Sie, welche Umschaltfragen Sie sich in dieser Situation möglicherweise gestellt haben. Warum haben diese etwas verändert? Wenn Sie herausfinden, welche Fragen Sie intuitiv gestellt haben, werden Sie in der Lage sein, diese gezielt, versiert und erfolgreich einzusetzen.

Übung 2: Hier geht es um den BASE-Entscheidungsprozess. Denken Sie an eine aktuelle schwierige Situation, die Sie gern verändern würden, und spielen Sie den BASE-Prozess durch, der in Bens Geschichte im siebten Kapitel (S. 96–104) erläutert wird.

Tool 8: Lernteams bilden

Siehe Kapitel 8 »Lernteams und Kritikerteams«

Ziel: Dieses Tool zeigt, inwiefern sowohl Teams als auch Organisationen vom Question Thinking profitieren und welche Vorteile es für sie hat, zwischen Lern- und Kritikermodus zu unterscheiden.

Erläuterung: Im achten Kapitel nutzt Joseph die Choice Map, um Ben den Unterschied zwischen Lern- und Kritikerteams zu erläutern. Ben erkennt, dass Lernteams viel effektiver und leistungsstärker sind als Kritikerteams. Er beginnt darüber nachzudenken, wie er sein Team in ein Lernteam verwandeln kann.

Es kann eine große Herausforderung sein, bei einer Gruppe, einem Team etwas zu verändern. Viele Menschen befinden sich im Kritikermodus, wenn sie versuchen, Probleme im Team zu lösen. Manche hören nicht mehr richtig zu, wollen ihre eigenen Vorstellungen durchsetzen oder suchen die Schuld bei anderen, wenn etwas nicht funktioniert. Andere schätzen sich selbst negativ ein, da sie meinen, sie hätten nichts Konstruktives beizutragen. Sie grenzen sich innerlich ab und/oder engagieren sich nicht mehr beherzt. Oder sie kritisieren andere und deren Ideen scharf und setzen sie herab. In all diesen Fällen gibt es keine Gewinner. Wenn man Lernteams fördert, kann jeder Teilnehmer bestimmten Leitlinien folgen, um den Kritikermodus zu überwinden und sich auf den Lernpfad zu begeben. Das wirkt sich positiv auf die Erfahrung, die Produktivität und die Ergebnisse aller aus.

Übung 1: Fragen Sie die anderen, ob sie schon einmal in einem Kritikerteam waren. (In der Regel lachen sie angesichts dieser Frage.) Fragen Sie sie dann, ob sie schon einmal in einem Lernteam waren. Fordern Sie sie anschließend dazu auf zu beschreiben, inwiefern sich ihre Erfahrungen, die Zusammenarbeit, die Produktivität und die Ergebnisse in den verschiedenen Situationen voneinander unterschieden.

Übung 2: Präsentieren Sie den anderen die Choice Map und sprechen Sie über den Einfluss des Lern- und des Kritikermodus auf den Erfolg oder Misserfolg eines Teams. Beziehen Sie auch das Thema der Kosten und verfahrenen Situationen im Kritikermodus in Ihr Gespräch mit ein. Weisen Sie dann auf die große Bedeutung einer Lernallianz hin und erörtern Sie mit den anderen, was im Team geschehen müsste, um eine solche Allianz zu bilden und nachhaltig zu fördern.

Übung 3: Fordern Sie die Leute in Ihrem Team dazu auf, Richtlinien auf der Basis der Choice Map zu erarbeiten, um die Kommunikation und Zusammenarbeit bei Meetings optimal zu fördern. Entwickeln Sie diese Leitlinien in der Gruppe und ermutigen Sie jeden Einzelnen, sich daran zu beteiligen.

Tool 9: Mit Q-Storming zum Durchbruch

Siehe Kapitel 10 »Q-Storming als wichtige Hilfe«

Ziel: Dieses Tool fördert das gemeinschaftliche, kreative und strategische Denken, das zum Durchbruch und erfolgreicheren Ergebnissen führen kann.

Erläuterung: In der Geschichte lernt Ben das Q-Storming von Charles, und dies trägt zum Durchbruch für Ben und sein Team bei.

Q-Storming wird meistens eingesetzt, wenn man eine Entscheidung finden, Probleme lösen, strategisch planen oder innovativ sein will. Mithilfe dieses Instruments kann man eingefahrene Grenzen des Denkens überwinden und neue, außergewöhnliche Lösungen und Antworten finden. Das Q-Storming ähnelt dem Brainstorming zwar, aber das Ziel dieser Question-Thinking-Technik besteht darin, so viele *Fragen* wie möglich zu entwickeln. In der Regel erweitern einige dieser Fragen das Denken auf die gewünschte Weise. Fragen fördern das Denken, während Antworten es häufig einschränken und blockieren.

Das Q-Storming basiert auf drei Prämissen: (1) Großartige Ergebnisse *beginnen* mit großartigen Fragen. (2) Fast jedes Problem kann mit genügend *richtigen Fragen* gelöst werden. (3) Fragen, die wir *uns selbst* stellen, erweitern das Denken und die Möglichkeiten häufig auf die fruchtbarste Weise.

Das Q-Storming wird in der Regel in einer Gruppe oder einem Team durchgeführt, vor allem, wenn man auf der Suche nach neuen Ideen und Möglichkeiten ist. Es wird überdies bei zielorientierten Gesprächen zwischen zwei Personen eingesetzt. Zum Beispiel beim Coaching, im Rahmen der Mitarbeiterführung, des Managements und im Vertrieb. Das Q-Storming kann direkt persönlich oder virtuell durchgeführt werden, zum Beispiel mit einem global aufgestellten Team oder einem Coachingklienten an einem anderen Ort.

Bevor die eigentliche Phase des Q-Stormings beginnt, sollten der Moderator und das Team zunächst ein klares Ziel formulieren sowie herausarbeiten, welche Meinungen es dazu gibt. Häufig werden nach dem Q-Storming Pläne zur Umsetzung entwickelt oder überarbeitet – je nachdem, welche Erkenntnisse man gewonnen hat.

Richtlinien für die Fragen

- Die Fragen sollten in der ersten Person Singular oder Plural formuliert werden, also mit »Ich« oder »Wir« beginnen. Man benötigt neue Fragen, die einem selbst beim Denken weiterhelfen, und nicht unbedingt solche, die man einem anderen stellen würde.
- Entwickeln Sie die Fragen aus einer Lernhaltung heraus. Vermeiden Sie dabei den Kritikermodus.
- Es sollte sich vorwiegend um offene Fragen handeln (»Wie kann ich?« statt »Kann ich?«, »Wie können wir?« statt »Kannst du / Können Sie?«)
- Fördern Sie mutige und provozierende Fragen und insbesondere auch »alberne« oder »dumme«.

Hinweis: Q-Storming ist ein wirksames Instrument zum kreativen Denken sowie dafür, Gruppen oder Organisationen angesichts komplexer oder schwieriger Probleme zusammenzubringen. Unter der Internetadresse www.InquiryInstitute.com können Sie noch mehr über Trainingsmöglichkeiten und Consultingangebote zum Q-Storming erfahren.

Tool 10: Die Top 12 der Erfolgsfragen

Siehe Kapitel 9 »Wenn die Magie funktioniert«

Ziel: Dieses Tool liefert Einzelpersonen und Teams eine nützliche Reihe von Fragen, sodass sie umfassender denken können, bevor sie Veränderungen einleiten oder eine neue Richtung einschlagen.

Erläuterung: Als Ben im Stau stecken bleibt und sich wegen seiner bevorstehenden Besprechungen mit Alexa und Charles gestresst fühlt, ruft er Joseph an, der ihm drei der *Top-12-Fragen zum Erfolg* diktiert. Diese helfen Ben, die entscheidenden Durchbrüche einzuleiten, die es ihm ermöglichen, Question Thinking für größeren Erfolg und Zufriedenheit sowohl im Job als auch in seiner Beziehung mit Grace einzusetzen.

Die Fragen der *Top-12-Liste* entstanden im Laufe vieler Jahre im Rahmen meiner Arbeit mit Teams, in Workshops sowie beim Einzel-Coaching. Diese Liste lässt sich mindestens auf dreierlei Weise einsetzen:

- Es handelt sich um eine logische Abfolge von Fragen, die Ihnen dabei helfen, jede Situation zu durchdenken, die Sie möglicherweise verändern oder verbessern möchten.
- Vielleicht möchten Sie in der Liste auch nur nach Fragen suchen, die Ihnen selbst noch nicht eingefallen sind.
- Sie können in der Liste die genau passende richtige Frage für eine bestimmte Situation suchen.

Das Ziel ist, diese Fragen in Ihr tägliches Denken zu integrieren. Wenn Sie dann vor einer schwierigen Herausforderung stehen, werden Sie sich mühelos an ein paar davon erinnern. Nicht jede Frage passt zu jeder Situation. Daher sollten Sie eine Sammlung Ihrer Lieblingsfragen zusammenstellen und regelmäßig damit arbeiten. Diese Fragen können Ihren Geist öffnen und Ihre Haltung verändern. Die Abfolge der Fragen hilft Ihnen, neue Optionen und Chancen aufzudecken, die Sie sonst vielleicht verpasst hätten.

Übung: Denken Sie an eine Situation, in der Sie feststecken, die Sie frustriert oder an der Sie etwas verändern möchten. Sie können die Fragen der folgenden Liste aus mehreren Perspektiven stellen. Fragen Sie sich selbst – *Was möchte ich?* Stellen Sie die Fragen anderen Menschen – *Was wollen Sie?* Oder richten Sie sie an Ihren Partner oder an Personen, mit denen Sie befreundet sind – *Was wollen wir?* Hier die Liste:

- Was will ich?
- Wovon gehe ich aus?
- Wofür bin ich verantwortlich?
- Wie kann ich anders darüber denken?
- Was denkt, fühlt und will der andere?
- Was ist mir entgangen oder was vermeide ich?
- Was kann ich lernen
- von dieser Person, aus dieser Situation?
- aus diesem Fehler, diesem Scheitern?
- aus diesem Erfolg?
- Welche Fragen sollte ich mir und/oder anderen stellen?
- Wie kann ich diese Situation in eine Win-win-Situation verwandeln?
- Was ist möglich?

- Was sind meine Optionen?
- Welche Handlungsschritte sind am sinnvollsten?

Bewahren Sie die Liste griffbereit auf, damit Sie sie jederzeit nutzen können. Wenn Sie diese Fragen oft genug stellen, werden sie zu einem natürlichen Teil Ihres Denkens. Sie helfen Ihnen, jeden Tag befriedigendere Ergebnisse für Ihr Leben zu erzielen!

Tool 11: Sich selbst und andere coachen

Ziel: Coaches wissen, dass der Schlüssel Ihres Erfolgs darin liegt, Ihren Klienten starke Fragen zu stellen. Dieses Coachingtool betont besondere Aspekte der QT-Methode für den Coachingprozess. Wir konzentrieren uns darauf, wie die Klienten am besten von dieser Methode profitieren, und wie wir sie effektiv dazu anleiten, ihre Probleme mithilfe dieser Methode zu lösen beziehungsweise ihre Ziele zu erreichen.

Erläuterung: Es ist ein fester Bestandteil des Question Thinking speziell für Coaches, den Klienten die QT-Methodik zu vermitteln und sie gleichzeitig dabei zu unterstützen, ihre jeweiligen Probleme zu lösen beziehungsweise ihre Ziele zu erreichen. Wenn der Klient die Instrumente immer sicherer beherrscht und die ersten positiven Wirkungen erlebt, entwickelt sich das Verhältnis zwischen Klient und Coach zunehmend zu einer Beziehung auf Augenhöhe, die von einem Gefühl der Zusammenarbeit geprägt ist. Beide kennen QT und sind daher in der Lage, »dieselbe Sprache zu sprechen«. Wie bei jeder Coachingbeziehung lautet die Botschaft auch hier, dass der Coach den Klienten nicht »zurechtrückt« oder das Problem für ihn behebt. Der Klient entwickelt dagegen mithilfe der QT-Tools und -Methoden Fähigkeiten, die ihn besser dafür rüsten, Probleme selbst zu lösen und seine Ziele zu erreichen. Der Coach bietet ein sicheres Umfeld, in dem der Klient praktische Erfahrungen mit dem QT sammeln kann, während er es auf die eigenen Probleme und Ziele anwendet.

Bereits während die Klienten sich in den Sitzungen Fähigkeiten zum Selbstcoaching sowie für eine gesteigerte Effektivität in der Zukunft aneignen, erzielen sie positivere Ergebnisse in ihrer aktuellen Situation. Das bezieht sich auch auf ihren Umgang mit anderen Menschen – in ihrem Arbeitsumfeld und im Privatleben.

Bens Geschichte zeigt, wie dieser Prozess in verschiedenen Lebenssituationen abläuft. In seiner ersten Coachingsitzung (Kapitel 2) erzählt Joseph ihm von der QT-Methode. Er beschreibt sie als »ein System aus Instrumenten und Techniken, das Fragen nutzt, um das Handlungsspektrum in nahezu jeder Situation zu erweitern«. Joseph zufolge bieten die Tools, die Ben erlernen wird, die Basis dafür, eine größere Anzahl von gelungenen Fragen zu stellen und insgesamt bessere Ergebnisse zu erzielen. Joseph macht Ben also darauf aufmerksam, dass er die Methoden erlernen muss, da dies ein fester Bestandteil ihrer Zusammenarbeit sein wird.

Dann erklärt Joseph Ben einen Teil der Theorie, die dieser Arbeit zugrunde liegt, und stellt ihm schließlich das erste Tool vor: »Den inneren Beobachter stärken.« Er gibt Ben ein Arbeitsbuch, das kurze Einführungen zu den Tools enthält, mit denen sie arbeiten werden – es ist das Arbeitsbuch, das Sie gerade lesen. Jedes der 12 Tools enthält praktische Übungen zur Förderung der eigenen Fähigkeiten.

Es ist wichtig, Klienten auf eine geeignete Art und Weise an den oben beschriebenen Prozess heranzuführen. Zunächst baue ich am Anfang meiner Coachingarbeit ein vertrauensvolles Verhältnis zu den Klienten auf und helfe ihnen, ihre Ziele zu formulieren. Darüber hinaus stelle ich das Question Thinking und die Choice Map vor. Ich erkläre den Klienten, dass sie mithilfe dieser Instrumente und Methoden besser verstehen können, was sie daran hindert, ihre Ziele zu erreichen. Die gleichen Tools dienen als Anleitung, um alle vorhandenen Begrenzungen zu überwinden.

Die Sprache und das Konzept des QT lassen sich leicht in die Gespräche mit den Klienten integrieren. Wie Sie wahrscheinlich bereits bemerkt haben, können Sie Klienten mit der Choice Map eine Orientierungshilfe dazu bieten, wo sie sich im Spektrum des Lern-/Kritikermodus befinden. Wenn ein Klient die Choice Map vorliegen hat – was besonders bei telefonischen oder anderen elektronischen Kommunikationsformen wichtig ist –, kann der Coach ihn fragen: »Wo würden Sie sich selbst im Moment auf der Choice Map sehen? Befinden Sie sich auf dem Kritikerpfad? Oder auf dem Lernpfad? Stecken Sie im Kritikersumpf fest?« Ein kurzer Blick auf die Choice Map, auf der die verschiedenen Haltungen grafisch dargestellt sind, ist sowohl für den Coach als auch für den Klienten sehr aufschlussreich.

Der Klient lernt das Question Thinking rascher und intensiver, wenn er durch persönliche Erlebnisse unmittelbar davon profitiert. Und während seine Erfahrungen mit dem QT weiter zunehmen und er mit der Anwendung vertrauter wird, vertieft sich auch die Zusammenarbeit in den Coachingsitzungen.

Sobald die Klienten das Selbstmanagement und Selbstcoaching besser beherrschen, entwickeln sie auch die Fähigkeit sowie mehr Selbstvertrauen, um konstruktivere Beziehungen zu Kollegen und Teams außerhalb des Coachingrahmens aufzubauen. Klienten berichten mir häufig, wie einfach es sein kann, anderen Menschen das QT zu erläutern. Beispielhaft dafür ist der folgende Bericht eines Kollegen, der an einem meiner Workshops teilgenommen hat. Er zeigt, wie schnell Menschen die Choice Map nutzen können:

Ich war einmal mit ein paar Freunden in einem Restaurant. Eine Freundin erzählte von ihren Sorgen über die Beziehung zu ihrer Tochter, mit der sie sich häufig stritt. Ich nahm eine Kopie der Choice Map aus meiner Brieftasche, und wir sahen uns an, wie sie ihr helfen konnte. Sie betrachtete die Karte kurz, dann rief sie mit leuchtenden Augen: »Ich war gegenüber meiner Tochter im Kritikermodus!« Sofort überlegte sie, warum ihre Kritikerhaltung bei ihrer Tochter zu Ablehnung und Wut geführt hatte. Dann sprachen wir über ein paar Umschaltfragen, und schließlich sagte sie: »Mir fällt gerade eine riesige Last von den Schultern.« Als wir später aufbrechen wollten, deutete sie auf meine Choice Map und fragte mich zaghaft: »Darf ich sie behalten?«

Häufig sagen Menschen, die die Choice Map zuvor noch nie gesehen haben, spontan: »Das ist absolut einleuchtend!« Diejenigen, die bereits mit dem Question Thinking vertraut sind, nutzen die Choice Map rasch als eingängiges, strukturierendes Bild, um die gesamte Methode zu verstehen, zu verinnerlichen und anzuwenden. So sagte ein Klient kürzlich zu mir: »Das Bild der Choice Map ist wie ein geistiger Magnet. Er hilft mir, mich an alles zu erinnern, was Sie mich gelehrt haben.« Die Karte stattet den Coach und den Klienten mit einem gemeinsamen Vokabular für die Zusammenarbeit aus und bietet dem Klienten gleichzeitig ein überaus effektives Tool zum Selbstcoaching, das er jederzeit nutzen kann.

Übung 1: Erinnern Sie sich an die letzte Coachingsitzung, bevor Sie das QT kannten, in der Sie nicht zufrieden mit dem Ergebnis waren. Vielleicht haben Sie die Sitzung im Geist mehrmals durchgespielt und gedacht, Sie hätten es besser machen sollen, können, wollen, wenn nur dieses oder jenes so oder so gewesen wäre. Stellen Sie sich nun vor, dass Sie die Sitzung erneut durchführen. Dieses Mal stellen Sie Ihrem Klienten die Choice Map vor, um ihn dabei zu unterstützen, zum Ausdruck zu bringen, welche Hindernisse sich ihm in den Weg gestellt haben, sowie um seine Position und die der anderen Beteiligten in der problematischen Situation besser zu verstehen. Inwiefern hätte die Choice Map Ihrer Meinung nach etwas an Ihrer Sitzung verändern können?

Übung 2: Wir sollten uns bewusst machen, dass selbst die erfahrensten Coaches in den Kritikermodus verfallen können – ja, sogar wenn es um ihre Klienten geht. Im dritten Kapitel erläutert Joseph das anhand der Geschichte über den Unternehmensleiter, der sein Klient war. Bei diesem ertappte er sich selbst im Kritikermodus und schaltete anschließend in den Lernmodus um. Im achten Kapitel zitiert Joseph schließlich eine Redewendung von Alexa: »Der Lernmodus fördert den Lernmodus. Und der Kritikermodus fördert den Kritikermodus.« Dieses Zitat ist eine gute Erinnerung daran, wie wichtig es ist, im Lernmodus zu sein, wenn man anderen die Choice Map erklärt und das QT anwendet. So sagt Joseph im dritten Kapitel zu Ben: »Niemand kann einem anderen Menschen von einer Kritikerposition aus helfen.«

Diese Übung bietet Ihnen die Möglichkeit, Ihre eigene Lernhaltung zu stärken. Beobachten Sie sich stets aufmerksam, wenn Sie in einer Coachingsitzung sind, oder auch, wenn Sie in einem anderen Zusammenhang jemandem QT und die Choice Map erläutern. Vielleicht stellen Sie fest, dass Sie Ihrem Gesprächspartner mit einer gewissen Voreingenommenheit begegnen – egal ob es sich um einen Klienten, einen Freund, einen Kollegen oder ein Familienmitglied handelt. Hin und wieder habe ich erlebt, dass jemand die Choice Map auf eine subtil vom Kritikermodus geprägte Weise erklärt hat, um dem anderen zu zeigen, dass er falschlag und sich auf dem Kritiker-pfad befand. Wenn Ihnen das passiert, ist es an der Zeit, sich neu auszurichten und auf den Lernmodus umzuschalten. Oder Sie erläutern die Choice Map und das Question Thinking zu einem späteren Zeitpunkt, wenn Sie wieder aus einem Lernmodus heraus agieren können.

Im fünften Kapitel (S. 67–75) findet sich ein Beispiel für diesen Prozess der Neuausrichtung. Ben hat auf Josephs Aufforderung hin die Choice Map zu Hause an den Kühlschrank geklebt. Als er und seine Frau Grace am nächsten Morgen darüber spre-chen, ertappt Ben sich mehrfach im Kritikermodus und muss seine Haltung kontrollieren, um im Lernmodus zu bleiben. Er nutzt die Techniken zum Selbstcoaching, die er von Joseph ge-lernt hat, und sagt zu sich selbst: »Geh nicht dorthin, mein Freund!« Dann atmet er tief durch, zuckt mit den Achseln und richtet sich wieder neu aus.

Wenn Sie einem anderen Menschen die Choice Map prä-sentieren möchten, sollten Sie überlegen, wo Sie sich selbst in diesem Moment auf der Karte sehen würden. Falls Sie einen gewissen Kritikermodus bei sich erkennen, könnten Sie sich fragen: *Warum befinde ich mich auf dem Kritikerpfad? Welche Umschaltfragen könnte ich mir stellen, um wieder auf den Lern-pfad zu gelangen? Was möchte ich erreichen, wenn ich dem an-deren die Choice Map erkläre?*

Nutzen Sie diese Übung, um Strategien zu erkunden, wie Sie bei jedem Gespräch und jeder Sitzung im Lernmodus blei-ben können, egal ob Sie es mit einem Kollegen, einem Freund, einem Familienmitglied oder einem Klienten zu tun haben.

Tool 12: Führen mit der Kraft des Question Thinkings

Ziel: Dieses Tool zeigt, welche besondere Rolle das Question Thinking bei der Entwicklung von Führungsqualitäten spielt, und richtet den Fokus dabei auf die Methoden, Vorteile und Ergebnisse eines Inquiring Leaders.

Erläuterung: Im heutigen Geschäfts- und Unternehmensalltag entsteht ein zunehmendes Bewusstsein für den Bedarf an Führungskräften, die ein gutes Selbstmanagement beherrschen und über eine große Sozialkompetenz verfügen. Wie Daniel Goleman, der Autor des Buches ›Emotionale Intelligenz‹, zeigt, werden »auf Wissen basierte Dienstleistungen und geistiges Kapital für die Unternehmen immer wichtiger«. Daher kommt »den grundlegenden Fähigkeiten der emotionalen Intelligenz immer größere Bedeutung zu [...] – in Teamwork, in der Kooperation, in der Motivierung der Menschen, mehr zu lernen, damit sie bessere Leistungen erbringen«. Und David Rock hat in einem Artikel der Zeitschrift ›Fortune‹ geschrieben: »Die Fähigkeit, gut mit anderen in einer Gruppe zusammenzuarbeiten, hängt von unserer Fähigkeit ab, auf die Emotionen anderer Menschen zu achten. Ein Vorgesetzter, der weiß, was seine Mitarbeiter wirklich wollen und was ihnen wichtig ist, ist eher in der Lage, ein gutes Umfeld für das Team zu schaffen, als jemand, der sich lediglich auf die Aspekte eines Projekts konzentriert.«

Alexa, Joseph und schließlich auch Ben stehen beispielhaft für eine Reihe von Eigenschaften, Fähigkeiten und Verhaltensweisen, die zu Inquiring Leadership gehören, dem Führen durch Nachfragen. Zu diesen Fähigkeiten gehört eine aufgeschlossene, interessierte Haltung sowie Entscheidungsfreude. Inquiring Leader haben eine gute Selbstwahrnehmung und Selbstreflexion und sind entschlossen, eine ständige Weiterentwicklung bei sich selbst und den Menschen in ihrem Umfeld zu fördern. Sie sind flexibel, kreativ und fühlen sich wohl, auch wenn sie etwas »nicht wissen« oder nicht auf alles eine Antwort haben. Sie denken und führen auf eine strategische Weise – nach dem Motto »Erst zielen, dann schießen« und nicht umgekehrt. Und natürlich richten sie bewusst viele Fragen an sich selbst und andere.

Inquiring Leader befolgen die Grundsätze eines guten Coachings. Wenn sie Fragen stellen und gut zuhören – das ist ihnen bewusst – erfahren sie mehr und haben eine Verbindung zu den Menschen in ihrem Umfeld, die sie gleichzeitig stärken. Sie nutzen Lernfragen, um starke Ergebnisse bei ihren eigenen Denkprozessen und Entscheidungen sowie im Austausch mit anderen zu erhalten. Ihnen ist bewusst, welche Gefahren darin liegen und welche Chancen sie verpassen könnten, wenn sie wichtige Fragen nicht stellen. Und sie wissen, wann sie aufhören müssen zu fragen, und aktiv werden sollten!

Inquiring Leader schaffen gezielt eine Lernkultur, in der Fragen geschätzt und gefördert werden. Sie leben in ihrem Unternehmen eine aktive Fragepraxis vor und fordern diese auch von anderen ein. Anstatt viel zu *erzählen* oder *Ratschläge zu erteilen, fragen* sie mehr. So fördern sie die Zusammenarbeit, das kreative Denken und neue Möglichkeiten. Ihre eigenen Worte, ihre Taten und ihr Verhalten gegenüber anderen fördern das Engagement und die Motivation sowie das Vertrauen, die Achtung und Loyalität der Mitarbeiter. Eine solche Lernkultur stellen Alexa, Joseph und Ben sich für die QTec im Nachwort vor.

Es klingt vielleicht simpel, aber das oberste Ziel dieses Buches ist, den Lesern Wege aufzuzeigen, ihre Selbstbeobachtung, ihr Selbstmanagement und ihre Fragetechniken zu verbessern. Das QT hilft uns dabei, den Kritikermodus zu erkennen, gekonnt Umschaltfragen zu stellen und uns immer wieder aufs Neue auf den Lernmodus auszurichten. Diese Selbstmanagement-Techniken sind der Kern des Inquiring Leaderships und werden durch die Choice Map veranschaulicht. Das QT bietet uns einen *Trainingsweg,* der uns zeigt, wie wir immer besser auf den Lernmodus umschalten und unsere persönlichen Stärken und Kompetenzen entwickeln können. Wenn wir die Tools nutzen, führt das zu einem größeren Selbstbewusstsein, einer entspannten Selbstkontrolle, einer gesteigerten emotionalen Intelligenz und der Fähigkeit, präsent zu sein und konstruktiv auf Menschen und Ereignisse zu reagieren. Auf diese Weise schaffen Inquiring Leader eine nachhaltige Lernkultur.

Übung 1: Mithilfe der Tools und Methoden des Question Thinkings lernen wir, mit schwierigen Situationen und Emotionen umzugehen, die manchmal aufgrund unserer vorgefassten Meinungen entstehen. Wir erkennen, dass wir im Kritikermodus weder uns selbst noch andere Menschen effektiv führen können. Sie können dieses Führungstraining jederzeit durchführen. Sie müssen sich dafür lediglich an eine Situation erinnern, in der Ihr innerer Kritiker Sie daran gehindert hat, so effektiv zu sein, wie Sie es sich gewünscht hätten.

Während Sie sich an diese Erfahrung erinnern, vollziehen Sie auf der Choice Map nach, was genau sich vom ersten bis zum letzten Moment ereignet hat. Was waren die ersten Signale, die Sie mit einer feindlichen Übernahme seitens Ihrer Amygdala assoziieren, mit dem, was ich als Überfall durch den inneren Kritiker bezeichnet habe? War es vielleicht ein trockener Mund, eine Verspannung in den Schultern, dem Rücken, den Armen oder Beinen? Vielleicht haben Sie gemerkt, wie Ihr Herz pochte, oder Sie spürten plötzlich eine innere Anspannung, da irgendetwas Ihre Alarmknöpfe gedrückt hat. Wie schnell haben Sie mit einem Gegenangriff reagiert und sich dabei auf den Kritikerpfad begeben? Oder fanden Sie sich plötzlich im Kritikersumpf wieder und stellten sich selbst und anderen Kritikerfragen?

Machen Sie sich bei dieser Übung bewusst, dass die Kraft des QT von Ihren Fragen und Ihrer Einstellung abhängt sowie von Ihrer Fähigkeit, die Fragen zu verändern, die Ihr Denken, Fühlen und Verhalten bestimmen. Wie ein Coachingklient einmal sagte: »Vom Kritiker- zum Lernmodus – wenn ich unter Druck stehe, kann ich in einer Minute mehrmals hin- und herwechseln. Durch das Question Thinking bin ich in der Lage, das von außen zu beobachten … Auf dem Wechselpfad werde ich aktiv, da ich weiß, welche Fragen ich stellen muss, um wieder zum Lernmodus zurückzukehren.«

Diese Übung bietet Ihnen die Gelegenheit für einen »Neustart«. Denken Sie an Ihre damalige Situation, betrachten Sie die Choice Map und überlegen Sie, welche Umschaltfragen etwas verändert hätten. Diese Praxis ähnelt dem, was Sie bereits mit dem elften Tool geübt haben, mit dem Unterschied, dass sie dieses Mal im Kontext einer Führungssituation durchgeführt wird. Bewegen Sie sich Schritt für Schritt anhand Ihrer Umschaltfragen auf dem Wechselpfad vorwärts und achten Sie auf alle auftretenden Veränderungen – egal ob es sich um physische, geistige oder emotionale handelt.

Welche Veränderungen beobachten Sie, während Sie auf

den Lernpfad überwechseln? Sind Sie entspannter und atmen Sie leichter? Ist Ihr Denken klarer und umfassender? Spüren Sie, dass Sie größere Kontrolle haben und sich selbst führen anstatt sich wie ein Opfer der Person oder Situation zu fühlen, die Ihre Alarmknöpfe gedrückt hat?

Übung 2: Sie können die Choice Map und diese Übung auch nutzen, um etwas aus einer positiven Führungssituation zu lernen, die Ihnen gefallen hat, unabhängig davon, wie bedeutend sie war. Welche Lernfragen haben zu Ihrem Erfolg beigetragen? Egal ob wir etwas aus einem Erfolg oder einem Scheitern lernen, es ist gleich wertvoll.

Sie sollten sich immer wieder Gelegenheiten suchen, die Dinge auszuprobieren, die Sie in diesem Buch gelernt haben. Führungskräfte führen, indem sie mit gutem Beispiel vorangehen und andere fördern und stärken. Egal ob Sie offiziell in einer leitenden Position sind, es wird stets Lebenssituationen geben, in denen Sie der Herausforderung begegnen zu führen – ob das in Ihrer Familie ist, im Zusammensein mit Freunden oder wo auch immer. Am Wichtigsten ist allerdings, dass Sie sich selbst führen.

Einleitung: Dieses Zitat über meine Arbeit stammt aus: *Coaching with the Brain in Mind: Foundations for Practice* von David Rock und Linda J. Page. John Wiley & Sons, Inc., Hoboken, NJ 2009, S. 153.

Einleitung: Mein Fachbuch aus dem Bereich der kognitiven Verhaltenspsychologie *The Art of the Question: A Guide to Short-Term Question-Centered Therapy* wurde 1998 bei John Wiley & Sons unter meinem Mädchennamen Marilee Goldberg veröffentlicht.

Kapitel 2: Das Beispiel mit den Fragen, die das Verhalten der Nomaden bestimmte, wurde dem Psychologen Mark Brown zugeschrieben, und zwar von Michael J. Gelb in *Das Leonardo-Prinzip. Die sieben Schritte zum Erfolg.* Econ Verlag, Berlin 2001.

Kapitel 6: Dieses Zitat stammt aus dem Buch von Viktor E. Frankl: *... trotzdem Ja zum Leben sagen. Ein Psychologe erlebt das Konzentrationslager.* Kösel Verlag, München 2009.

Kapitel 8: Joseph Campbells Geschichte über den Farmer und das Zitat »Wo du stolperst, liegt dein Schatz« stammt aus: *An Open Life: Joseph Campbell in Conversation with Michael Toms.* Selected and edited by John M. Maher and Dennie Briggs, Perennial Library, New York 1990.

Kapitel 8: Dieser Artikel beschreibt die Untersuchungen über die Auswirkungen auf die Leistungen von Teams, wenn

Meinungen hartnäckig verfochten werden, beziehungsweise wenn häufig nachgefragt wird. Barbara L. Fredrickson and Marcial F. Losada, »Positive Affect and the Complex Dynamics of Human Flourishing«, *The American Psychologist* (October 2005), S. 678–686.

Kapitel 9: Das Beispiel, welche Wirkung Videos von erfolgreichen Spielzügen im Vergleich zu Videos von Fehlern auf Basketballteams haben, stammt von D. Kirschenbaum: »Self-Regulation & Sport Psychology: Nurturing an Emerging Symbiosis«, *Journal of Sport Psychology* (1984), 8, 26–34.

Kapitel 12: Die Vorstellung, dass wir in »Welten leben, die unsere Fragen erschaffen«, bezieht sich auf das konstruktivistische Prinzip der Appreciative Inquiry, also wertschätzender Fragen. Siehe David L. Cooperrider, Frank Barrett and Suresh Srivastva, »Social Construction and Appreciative Inquiry: A Journey in Organizational Theory«, *Management and Organization: Relational Alternatives to Individualism.* Edited by Dian-Marie Hosking, H. Peter Dachler, and Kenneth J. Gergen, Avebury, Aldershot 1995.

Nachwort: Edgar H. Schein, *Unternehmenskultur. Ein Handbuch für Führungskräfte.* Campus Verlag, Frankfurt a. M. 1995.

Tool 12: Daniel Goleman, *EQ. Emotionale Intelligenz.* dtv Verlagsgesellschaft, München 1997.
Tool 12: David Rock, »Why Organizations Fail«, *Fortune.com* (October 23, 2013).

Über das Inquiry Institute

Führungsqualitäten, Einsatzbereitschaft, Kommunikation und Zusammenarbeit werden auf einzigartige Weise durch die Tools und Übungen des Question-Thinking®-Systems gefördert, das Marilee Adams und das Inquiry Institute entwickelt haben. Unser Expertenteam aus Coaches, Seminarleitern und Beratern schneidet den QT-Ansatz individuell auf Einzelpersonen, Teams und Organisationen zu, sodass diese ihre gewünschten Ziele erfolgreicher umsetzen können und zufriedener mit ihren Ergebnissen sind.

Besuchen Sie unsere Website. Dort stehen Ihnen kostenlose Hilfsmittel zur Verfügung, und Sie können Teil unserer aktiven Lerngemeinschaft werden. Zudem erhalten Sie weitere Informationen zu Dienstleistungen und Produkten, die auf dem Question Thinking basieren. Dazu gehören:

- QT-basiertes Consulting für Teams und Organisationen
- QT-basierte Trainings für Coaches sowie Coachings für Führungskräfte, Teams und Privatpersonen
- QT-basierte öffentliche und interne Workshops. Dazu gehören auch Workshops (vor Ort oder virtuell), die auf der Choice Map, dem Prinzip des Lern-/Kritikermodus und dem Q-Storming basieren
- QT-Produkte und -Quellen, einschließlich unseres E-Learning-Programms in englischer Sprache – *e-Learning: Question Thinking. A Mindful and Practical Approach to Learning, Living and Change* (das Programm basiert auf der Choice Map und dem Prinzip des Lern-/Kritikermodus)

– QT-Lizenzvereinbarungen
– Das Chief Question Officer® Certificate Training Programm

Marilee Adams steht für Vorträge, Consulting, Workshops (vor Ort und virtuell), für Coachtrainings und Führungskräftecoachings sowie für Q-Storming®-Trainings, -Beratungen und -Arbeitssitzungen zur Verfügung.

Inquiry Institute
www.InquiryInstitute.com
Contact_UsInfo@InquiryInstitute.com
10 York Street, P.O. Box 339
Lambertville, New Jersey 08530-3204

Denkmuster erkennen, Potenziale ausschöpfen

ALLE LIEFERBAREN TITEL, INFORMATIONEN UND SPECIALS
FINDEN SIE ONLINE

www.dtv.de **dtv**